Heike Führ wurde 1962 in Mainz geboren, ist verheiratet und hat 2 erwachsene Kinder - seit 3 Jahren lebt Seelenhund Smiley bei ihr und ihrem Mann.

Sie ist seit 1994 an Multiple Sklerose erkrankt und führt zur Information darüber eine Webseite, sowie eine gleichnamige sehr lebendig laufende Facebook-Seite. Sie ist mittlerweile eine routinierte Bloggerin und arbeitet für mehrere Projekte.

Sie hat bereits 11 MS-Begleitbücher, 2 Kinderbücher, ein „Glücks-Buch", ein „Hoffnungs-Buch" und ein „Freundschafts-Buch", sowie Kochbücher, u.a. „LOW CARB für UNTERWEGS" geschrieben.

Heike Führ ist ausgebildete Erzieherin mit vielen pädagogischen und psychologischen Fort- und Weiterbildungen. Sie belegte auch mehrere Kurse für „Yoga mit Kindern". Diese intensive Zeit und ihr pädagogisches Wissen prägen auch ihr Schreiben.

http://multiple-arts.com/
http://heikef.jimdo.com

Die zweite Leidenschaft der Autorin gilt neben dem Schreiben dem Malen und Zeichnen. Auf Facebook ist sie hier zu finden:

„Impressionen - Malen, Zeichnen & Mehr"

https://www.facebook.com/IMPRESSIONEN.Kunst/?fref=ts

Heike Führ

Grenzenlose Erschöpfung

FATIGUE

>Grenzenlose Erschöpfung / FATIGUE<

© 2016 Heike Führ

Originalausgabe Januar 2017

© 2016 Herstellung und Verlag:

BoD – Books on Demand, Norderstedt

ISBN 9783743142459

© 2016 Satz, Layout: Heike Führ

Cover-Foto / Bild: Heike Führ

Alle Rechte vorbehalten.

All Rights reserved - Das Werk darf - auch teilweise - nur mit Genehmigung des Verlags und Autors wiedergegeben werden.

ISBN: 9783743142459

Bibliografische Information der Deutschen Nationalbibliothek: Die Deutsche Nationalbibliothek verzeichnet diese Publikation in der Deutschen Nationalbibliografie; detaillierte bibliografische Daten sind im Internet über http://dnb.de abrufbar. Printed in Germany

INHALTSVERZEICHNIS

S. 7 Vorwort

S. 11 FATIGUE

S. 11 Fatigue ist…
S. 12 Wie fühlt sich Fatigue an?
S. 13 Fatigue
S. 15 Symptome
S. 22 Bewältigung / Umgang mit der Fatigue
S. 27 Diagnose
S. 28 Ein Test
S. 30 Behandlung

S. 31 Meine Texte

S. 59 ANGEHÖRIGE

S. 67 Fatigue-Grafiken

S. 94 Schlusswort

S. 96 Danke

S. 96 Links

Das Leben geht weiter ...

Sogar mit einer chronischen Erkrankung!

Es wird zwar zu einem Teufelskreis und dem „Da musst Du halt durch!", aber eines Tages schaust Du durch all den Nebel der Ungewissheit, der Schmerzen und Entbehrungen mit erhobenem Haupt auf –

auch wenn Du realisierst, dass Du noch nichts von den großen Dingen in Angriff nehmen konntest, die Du vorhattest.

Aber, das ist ok –
gebe Dich nicht geschlagen,
denn Dein Leben ist trotzdem schön und wertvoll!

Auch selbst dann, wenn es nicht das Leben ist, das Du wolltest; selbst wenn es mit Fatigue und vielen Beeinträchtigungen verbunden ist –

Es ist DEIN Leben –
Du lebst es nun angepasst und trotzdem lebendig.

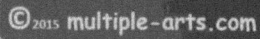
© 2015 multiple-arts.com

Hinweis

Für dieses Buch wurde sehr sorgfältig recherchiert – allerdings ist es kein wissenschaftliches Fach- oder Lehrbuch. Alle angegebenen Informationen wurden nach bestem Wissen und Gewissen zusammengetragen und weitergegeben.

Das Buch und seine Inhalte sollen dem Leser dazu verhelfen, eine Hilfe zur Selbsthilfe zu finden und eigenverantwortlich den eigenen Erfahrungshorizont zu erleben und zu erweitern. Es stellt trotz der ausführlichen Hintergrundinformationen immer nur eine Orientierungshilfe dar und kann niemals den Besuch eines Arztes ersetzen, wenn man professionelle Hilfe benötigt.

VORWORT

Liebe Leser,

ich kann nicht anders, als noch ein Büchlein über diese GRENZENLOSE ERSCHÖPFUNG - die FATIGUE - bei MS zu schreiben. Es gibt immer wieder Phasen in meinem MS-Leben, die so stark geprägt sind durch diesen Zustand, dass ich in genau solchen Momenten auch wirklich manchmal verzweifle. Zum Glück halten weder der Zustand noch diese Verzweiflung sehr lange an, aber lange genug, um mich in diesen Augenblicken zu zermürben. Deshalb beschäftige ich mich auch immer wieder aufs Neue mit diesem abgrundtief schaurigen Zustand und versuche ihn zu analysieren und nach Lösungen zu suchen.

Oft bleibt einem Fatigue`ler aber nichts weiter übrig, als diese Phasen auszuhalten, durchzustehen und somit zu überwinden – um wieder und immer wieder erneut aufzustehen und neue Hoffnung und Kraft zu schöpfen.

Es gibt Tage, an denen frage ich mich, wie lange ich das aushalten werde, wie oft ich es noch schaffen werde, mich immer wieder aus diesem Zustand heraus zu hieven…. Wie lange ich noch die Kraft und auch Motivation dazu habe…. Sobald ich es aber geschafft habe und wieder im Normalzustand meiner „ständigen/chronischen Erschöpfung" bin, weiß ich: ich werde es schaffen und ich werde nicht aufgeben! Ich werde mich dieser Fatigue nicht hingeben. Ich werde nicht gegen sie anKÄMPFEN, denn das verbraucht unnötig Energie, aber ich werde ihr immer wieder die Stirn bieten und mich nicht unterkriegen lassen.

Auch merke ich in solchen Situationen, dass mir der normale Alltag um mich herum sehr gut tut, denn daran sehe und spüre ich, dass das Leben einfach weiter geht…. Es geht immer weiter! Wenn ich so tief in der Fatigue stecke, fühle ich mich so hilflos… und sehe manchmal nur schwer das Licht am anderen Ende des Tunnels. Da hilft es mir dann, wenn ich SPÜRE, dass das Leben um mich herum pulsiert.

Deshalb ist es auch so wichtig, dass wir uns aus dem Alltagsleben weder selbst ausgrenzen, noch ausgrenzen lassen. Wir brauchen diese Normalität, eventuell auch einen Rhythmus und Strukturen, die uns klar aufzeigen: es geht weiter.

Bei meiner Fatigue ist es so, dass ich eine Dauer-Fatigue habe: das heißt, ich bin IMMER erschöpft und müde. IMMER! Darauf setzen sich noch „Fatigue-Attacken", die so heftig sein können, dass sie mich wirklich ausheben. Und ja: in diesen Momenten nimmt mir die Fatigue Lebensqualität und zwar heftig! Und wenn ich Berichte lese, in denen beschrieben wird, dass man „heutzutage mit MS normal leben kann", dann macht mich das wütend. Denn normal leben wir schon lange nicht mehr. Im besten Fall haben wir uns mit unserer MS und mit den individuellen Beeinträchtigungen arrangiert und führen ein durchweg schönes Leben. Das ist natürlich möglich und ich selbst sage immer wieder, dass ich ein sehr glückliches und ausgefülltes Leben führe und übe mich auch in tiefer Dankbarkeit genau diesem erfüllenden Leben gegenüber. Und doch bräuchte ich die MS nicht, ich bräuchte keine Fatigue mit aufgesetzten Fatigue-Attacken.

Die Fatigue-Symptomatik sieht man Betroffenen nicht an und doch ist sie das häufigste Symptom bei MS. Sie ist eine anstrengende Herausforderung für jeden Fatigue´ler und deren Angehörige.

Vermutlich wird auch nur ein Fatigue-Betroffener in der Lage sein, die drastischen Auswirkungen dieser Fatigue-Symptomatik tatsächlich nachzuempfinden. Ein Nicht-Betroffener kann nur versuchen zu verstehen. Selbst unter MS`lern ist die Fatigue oft ein Grund für Unverständnis, denn wer es zum Glück nicht selbst erlebt hat, kann sich nicht im Entferntesten vorstellen, was es tatsächlich bedeutet, tagtäglich mit diesen Erschöpfungszuständen leben zu müssen.

Die Fatigue gehört auf Grund ihrer Komplexität, Unkalkulierbarkeit und Unsichtbarkeit zu einem der gewaltigsten und zerstörerischsten Symptome der MS.

Fatigue behindert die Betroffenen in ihren Alltagsaktivitäten, ihrem Beruf, ihrem Beziehungs- und Familienleben und in ihrer körperlichen Funktionstüchtigkeit. Neueste Erkenntnisse sprechen davon, dass Fatigue sowohl vorübergehend als auch chronisch in jedem Stadium der Krankheit auftreten, einem Schub vorausgehen oder aber auch das Erstsymptom der Erkrankung sein kann.

Im Tagesverlauf zeigt sich eine Verstärkung der Fatigue und in der zweiten Tageshälfte (vor allem aber unter Stress) verschlimmern sich die Symptome. Des Weiteren beklagen Fatigue`ler häufiger Schlafstörungen. Hierfür scheint es allerdings keinen messbaren Zusammenhang zu geben.

Fatigue`ler fühlen sich ununterbrochen ausgelaugt und kraftlos. Das schränkt sie in ihrer Leistungsfähigkeit natürlich massiv ein. Dies ist auch kein „vorübergehendes" Gefühl, sondern ein andauerndes!

Es wurde wissenschaftlich festgestellt, dass auch gesunde Menschen unter Fatigue leiden können. Allerdings ist der **große Unterschied** zu den MS-Patienten, dass Gesunde in der Regel durch Entspannung und Schlaf die Energiespeicher wieder auffüllen können!

Das ist für uns Fatigue-Geplagten ein feiner, aber sehr sehr wesentlicher Unterschied, von dem wir nur träumen können.

Allen Neuerkrankten sei aber gesagt, dass Fatigue nicht zwangsläufig auftreten muss und auch nicht so heftig, wie von mir beschrieben, sein muss. Alles ist möglich, auch das Positive! ☺

Ich hatte nach der Diagnosestellung beispielsweise 13 Jahre lang kaum MS-Symptome und erst ein neuer Schub 2006 hat mir die Fatigue in dieser Form „mitgebracht".

Ich werde in diesem Büchlein nicht so sehr in die fachliche Tiefe gehen, da ich dazu ja bereits ein Buch geschrieben habe (FATIGUE und Uhthoff-Phänomen / Esch-Verlag). (http://www.esch-verlag.de/medizin.html)

Wie immer ist es mir wichtig zu erwähnen, dass ich medizinischer Laie bin und immer nur aus meiner Sicht berichten kann. Ich bin ein gut informierter „Patient" und vertiefe mich auch gerne in diese Problematiken, aber ich erhebe keinen Anspruch auf 100%ige Genauigkeit, auch wenn ich fachliche Infos prüfen lasse. Ebenso liegt es mir fern, Lehrbücher „neu" zu schreiben – ich erzähle hier aus meinem eigenen täglichen Erleben.

In diesem Buch geht es mir hauptsächlich um das, was die Fatigue mit uns macht, wie wir uns dabei fühlen und um das allumfassende VERSTEHEN – und zwar in der Hinsicht, dass sich Betroffene wiederfinden und Angehörige von Fatigue-Betroffenen dieses äußerst komplexe und schwerwiegende zerstörerische Symptom der MS begreifen können.

Dazu werde ich meine üblichen Grafiken und eigene Texte einfügen, die die Sachlage nochmals verdeutlichen.

Ich wünsche Ihnen allen viel „Freude" beim Lesen, Wiedererkennen und Begreifen. Außerdem wünsche ich mir, dass Sie und Ihre Angehörigen durch das Büchlein zueinander und in ein gutes Gespräch finden.

Herzlichst,

Heike Führ

An unmöglichen Dingen soll man selten verzweifeln, an schweren nie.
-Jean Giraudoux-

FATIGUE ist...

- ➢ Grenzenlose Erschöpfung
- ➢ Bleierne Müdigkeit
- ➢ Völlig ausgebrannt sein
- ➢ Unerklärliche Erschöpfung
- ➢ Komatöses Gefühl
- ➢ Weit über das normale Maß hinausgehende Erschöpfung
- ➢ Lähmende Müdigkeit
- ➢ Insgesamt hemmend
- ➢ Abgeschlagenheit
- ➢ Defizite in Wachheit, Aufmerksamkeit, Konzentration
- ➢ Empfindung von physischer und mentaler Erschöpfung
- ➢ Gefühl von „Ausgebrannt sein"
- ➢ Völlige Energielosigkeit
- ➢ Eine erhebliche Einschränkung
- ➢ Eine Antriebslosigkeit, bis hin zur Unfähigkeit, sich zu Aktivitäten aufraffen zu können
- ➢ Insgesamt unerklärlich und unkalkulierbar

✓ **Fatigue ist mehr als die Summe dieser Aufzählungen!**
Sie ist ein vielschichtiges Leiden, das den Patienten während der Erkrankung stark einschränken und daran hindern kann, ein normales Leben zu führen.

Wie fühlt sich Fatigue an?

- Nur ausruhen/hinlegen hilft
- Absolut NICHT überwindbar
- Beine wie Blei
- Wie mit ständig angezogener Handbremse
- Wie unter Wasser im Gegenstrom laufen
- Gegen eine Wand ankämpfen/anlaufen
- Lähmend
- Gleichgewichtsstörungen, Schwindel, Sehstörungen, alle bekannten MS-Symptome
- Plötzlichkeit ist erschwerend
- Wie von einem Tsunami, einer Dampfwalze, einem Laster überrollt
- Wie mit einer Grippe und 40°C Fieber normal funktionieren zu müssen

FATIGUE

Der Begriff „Fatigue" stammt aus dem Französischen und bedeutet „Müdigkeit" oder „Erschöpfung". Fatigue zeichnet sich durch ein **anhaltendes** Gefühl von Müdigkeit, Erschöpfung und Antriebslosigkeit aus, **das sich auch durch viel Schlaf und Ausruhen nicht verändern und löschen lässt.**

Das Leben der Betroffenen wird nachhaltig durch die permanente extreme Mattigkeit sehr STARK beeinträchtigt.

- ✓ Fatigue stellt eine **krankhafte** Ermüdung dar, die den MS`ler ganz extrem belasten kann. Diese Art der Erschöpfung lässt sich durch normale Erholungsmechanismen **nicht** beheben. Auch Schlaf führt nicht zur Regeneration. Fatigue lässt sich nicht auf eine Ursache reduzieren, man spricht von einem multifaktoriellen oder auch multikausalen Geschehen.

Die gängigste Beschreibung ist Folgende:
Bei der Fatigue-Symptomatik handelt es sich um eine komplexe Störung, die sich in einem anhaltenden, meist ganzkörperlichen Gefühl physischer und/oder mentaler Erschöpfung äußert. Die Auswirkungen der Fatigue sind teilweise drastisch und führen im Alltagsleben zu massiven Einschränkungen (soziale Kontakte müssen oft auf ein Minimum reduziert werden).

Oft stehen interessanter Weise auch die Intensität der Fatigue und die üblichen anderen Symptome der MS nicht im gleichen Verhältnis zueinander. So kann beispielsweise, wie in meinem Fall, die MS an sich eher mild verlaufen, während die Fatigue stark ausgeprägt ist und umgekehrt.

- ✓ *WICHTIG: Fatigue ist eine <u>unkontrollierbare</u> Erschöpfung, die <u>nicht</u> willentlich beherrscht werden kann!!!*

Fatigue ist ein ganzkörperliches Gefühl physischer und/oder mentaler Erschöpfung und ein wirklich **nicht zu beherrschendes** Gefühl der körperlichen und/oder seelischen Erschöpfung und Abgeschlagenheit.

Das besondere Phänomen daran ist, dass dies alles völlig UNABHÄNGIG von körperlicher Belastung erfolgen kann. Sie kann jederzeit, überraschend, unkalkulierbar und völlig losgelöst von anderen Symptomen hinzukommen und beeinträchtigt somit das Leben und den Alltag der Betroffenen, sowie deren soziales Leben und Aktivitäten schwer und zum Teil sehr drastisch. Aus diesem Grund ist die Fatigue mittlerweile einer der häufigsten Gründe, die bei MS zur vorzeitigen Erwerbsminderungsrente führen.

Das Hauptmerkmal der Fatigue ist wirklich, dass Schlaf nicht zur Regeneration führt, sondern ein Gefühl des ständigen Übermüdetseins und enormer Abgeschlagenheit da ist.

„MS-Fatigue ist die vorzeitige allgemeine physische und psychische Erschöpfung. Fatigue = Müdigkeit. Sie zeichnet sich aus durch: Erschöpfung bis hin zur Unfähigkeit aufzustehen (behindert körperliche Bewegung und deren Ausführung); alle MS-Symptome können sich verstärken; Zittern; innerliche Unruhe; extrem müde sein, ohne einschlafen zu können oder ständiges Schlafen; es fällt schwer klar zu denken (oft auch nur verlangsamt) oder Gedanken zusammen zu halten und sich zu konzentrieren; man ist motivationslos; die psychische und körperliche Belastbarkeit werden behindert; eine extreme und schnelle Erschöpfung (körperlich und psychisch - dabei auch Sprachschwierigkeiten); Übelkeit; Sehstörungen; Schmerzen; Depressionen (Traurigkeit, Verzweiflung)". (DMSG).

Immerhin weiß man heute, dass Fatigue eines der häufigsten und gleichzeitig eines der belastendsten Symptome der MS ist und circa zwei Drittel der MS'ler davon betroffen sind.

Typisch ist für Fatigue auch, dass sie sich bei warmen Temperaturen (Wetter, Sauna, heißes Bad, Fieber oder anderen Ursachen für eine Erhöhung der Köpertemperatur) verschlimmert. (Die durch Hitze auftretenden Symptome, die zur Fatigue gerne noch hinzukommen, nennen sich „Uhthoff-Phänomen").

- **Manchmal fragt man sich abends, wie man den Tag geschafft und bewältigt hat.**

Dass die Fatigue (genauso aber auch das Uhthoff-Phänomen) noch zusätzlich Auswirkungen auf unsere Psyche und unser Selbstwertgefühl haben können, ist fast selbsterklärend - denn wenn man morgens nie weiß, wie und ob man seinen Tag schaffen wird, stellt dies einen großen Unsicherheitsfaktor dar und kann den Alltag und die Planungen eines MS-Betroffenen erheblich belasten.

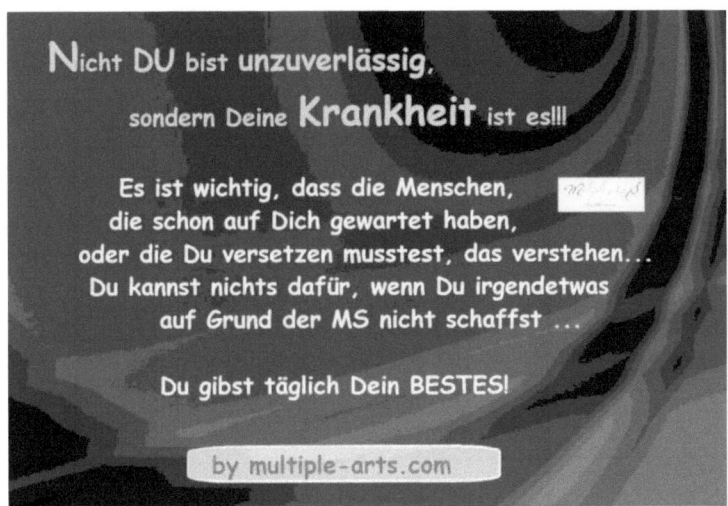

Symptome

Fatigue äußert sich in einem unüberwindlichen, anhaltenden Gefühl der körperlichen und/oder geistigen Erschöpfung. Die Betroffenen fühlen sich physisch und mental weniger leistungsfähig als früher: Selbst „normale" körperliche Aktivitäten wie Zähne putzen, Kochen, Telefonieren, Aufmerksamkeits- und Gedächtnisleistungen werden oft als kaum durchführbar empfunden. Nach solchen Aktivitäten fühlen sich die Fatigue-Patienten unverhältnismäßig erschöpft. Entscheidendes Merkmal bei Fatigue ist zudem, dass sich extreme Müdigkeit und Erschöpfung auch durch viel Schlaf nicht lindern lassen – die Betroffenen gehen erschöpft schlafen und stehen am nächsten Morgen genauso erschlagen auf.
(http://www.netdoktor.de/krankheiten/fatigue-syndrom/)

Die weit über das normale Maß hinausgehende Erschöpfung führt oft dazu, dass sich die Betroffenen zurückziehen und ihre beruflichen und privaten Aktivitäten immer weiter einschränken. Hinzu kommt die schnelle Ermüdbarkeit, wenn bestimmte Muskelgruppen für kurze Zeit beansprucht wurden.

Betroffene ermüden selbst bei geringen geistigen und körperlichen Anstrengungen. Das ist vor allem dann sehr belastend, wenn sie das von sich so nicht kennen und früher deutlich leistungsfähiger waren.

Im Grunde ist „Fatigue" ein Sammelbegriff für diffuse Beschwerden ohne erkennbare Ursache: Bleierne Tagesmüdigkeit, oft verbunden mit Kopf- und Gelenkschmerzen, Konzentrationsstörungen, Bewegungsunfähigkeit, abnormer Kraftlosigkeit, Motivationsverlust und Antriebsschwäche.

Zwei hauptsächliche Arten der Fatigue werden unterschieden:

- eine dauerhafte Müdigkeit, welche es den Patienten fast unmöglich macht, auch nur die einfachsten Aufgaben zu erfüllen.
- eine spontane Müdigkeit, welche nach wenigen Minuten (körperlicher oder geistiger) Aktivität auftritt.

Beide Typen können aber genauso gleichzeitig auftreten.

SCHLAF hilft nicht: Betroffene schlafen eventuell erschöpft ein und stehen am nächsten Morgen genauso erschöpft, oder noch erschöpfter, wieder auf. Deshalb ist es auch kein Wunder, dass beispielsweise die Fähigkeit verschwindet, sich zu konzentrieren oder die richtigen Worte zu finden, wenn jemand an Fatigue leidet. Ebenso beeinflussen auch körperliche Auswirkungen, wie mangelnde Koordination, Schwäche, Schwindel, Sehstörungen und Vieles mehr die Fatigue, beziehungsweise stören sich gegenseitig. Insgesamt nimmt das allgemeine Leistungsspektrum, sowie der Energie-Level im Laufe des Tages deutlich ab oder erlischt sogar völlig.

Dies ist besonders wichtig zu wissen, denn gut gemeinte Ratschläge, wie: „Schlafe Dich mal ordentlich aus!", oder: „Du musst Dich nur mal richtig ausruhen!", sind hier völlig sinnlos und vor allem sehr unnötig und wenig zielführend.

Fatigue hat noch dazu Auswirkungen auf:

- Körperliche Beeinträchtigungen
- Emotionale Befindlichkeit
- Allgemeines Wohlbefinden
- Lebenszufriedenheit
- Funktionelle Einschränkungen in alltäglichen Lebensbereichen
- Einschränkungen in zwischenmenschlichen Beziehungen und sozialen Interaktionen
- Physische und kognitive Leistungsfähigkeit
- Energie
- Motivation
- Kraft

Deshalb ist es mir auch noch einmal wichtig zu erwähnen, dass mit Dauer-Fatigue normale Alltags-Tätigkeiten wie beispielsweise das Einkaufen, zu einem Marathon werden können.

Erstens ist man nie sicher, ob während des Einkaufens eine Fatigue-ATTACKE noch zusätzlich auftritt und zweitens kann dann ein „Schwatz" mit der Nachbarin zum absoluten Horror ausarten, weil es schlicht und ergreifend ZU VIEL ist und wird.

Wenn ich mit dem Auto unterwegs bin, kaufe ich teilweise schon nicht mehr im nahegelegenen Supermarkt ein, sondern fahre in den Nächstliegenden – einfach aus dem Grund, dass ich dort weniger Bekannte treffe und ich nicht noch auf Grund eines netten Gespräches eventuell länger stehen, oder mich noch zusätzlich auf jemand einlassen muss. An manchen Tagen schaffe ich das nicht - nicht selten kommen mir vor Kraftlosigkeit und Verzweiflung oder auch aus Scham die Tränen. Meine ohnehin „blanken Nerven" machen dieses „Extra" dann einfach nicht mehr mit.

Prinzipiell kann wohlwollende und ernsthaft hilfreiche Unterstützung aus dem direkten oder weiteren sozialen Umfeld den Verlauf der MS positiv beeinflussen. Allerdings können dagegen Verständnislosigkeit und Ablehnung die Symptomatik verstärken. Deshalb ist es gerade bei den NICHT sichtbaren Symptomen der MS, wie Fatigue, so ungemein wichtig, sich GUT auszutauschen und eine sichere Vertrauensgrundlage zu bilden. Denn sonst könnte eine (unangemessene) hohe Erwartungshaltung der Angehörigen eine starke Belastung für den MS`ler darstellen und somit leider eine Verstärkung der Fatigue-Symptomatik bewirken.

- ✓ MS`ler, die unter Defiziten (beispielsweise in der Aufmerksamkeit) leiden, müssen sich stärker anstrengen, um Anforderungen in diesen Bereichen bewältigen zu können. Dieser erhöhte Energiebedarf kann daraufhin zur deutlich schnelleren Erschöpfung führen.

Es gibt die „Primäre Fatigue" und die „Sekundäre Fatigue":

Die primäre Form hängt direkt mit der MS-Erkrankung zusammen, die sekundäre Fatigue zeigt sich als Folge anderer MS-Symptome.

Primäre Fatigue:

1) = eine direkte Folge der Schädigung des zentralen Nervensystems durch die Erkrankung.
2) = Fatigue könnte mit der Schädigung der Nebennierenrinde zusammenhängen.

Sekundäre Fatigue:

Die sekundäre Fatigue hingegen ist nicht direkt auf die MS zurückzuführen, sondern kann als Folge von nicht direkt im Zusammenhang mit MS stehenden Faktoren auftreten.
(Ausführliche Info dazu: im Buch: „Fatigue und Uhthoff-Phänomen/Esch-Verlag).

Auch Depressionen, die in Folge der Nervenschädigungen oder der psychischen Belastung durch die MS auftreten, können mit einer ausgeprägten Müdigkeit einhergehen. Darüber hinaus können einige Medikamente als Nebenwirkung zu Müdigkeit führen.

Kurze Zusammenfassung:

Die emotionale Fatigue:
Fatigue-Anfall, der nach einer emotionalen Belastung oder Stress auftritt. (Ein Streit, Hektik, psychischer Stress, Reizüberflutung sind klassische Auslöser).

Motorische Fatigue
Hier ist der Auslöser ganz klar in körperlichem Stress und/oder Überlastung zu finden. (Beispielsweise ein Spaziergang, der zu lang dauerte).

Kognitive Fatigue: Gefühl des Ausgebranntseins, Leere und Nebel im Kopf, völlige mentale Erschöpfung, verlangsamte Reaktionszeiten.

- ✓ Fatigue ist ein **nicht zu beherrschendes Gefühl der Abgeschlagenheit**, Erschöpfung, Ermüdung und Energielosigkeit.

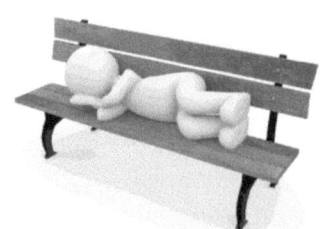

„Sie kann zu körperlichen, mentalen und sozialen Beeinträchtigungen führen und damit die Lebensqualität sehr deutlich reduzieren. Wichtig zu wissen ist noch, dass Fatigue unabhängig von dem körperlichen Behinderungsgrad (Paresen, Hirnnervenstörungen, Blasenstörungen etc.) auftreten kann.

Bis zu 90 % der MS-Patienten klagen im Verlauf ihrer Erkrankung über Fatigue, wovon bis zu 55 % der MS`ler sogar angeben, dass es eines der Hauptsymptome ihrer MS sei. Patienten benötigen für diese Aktivitäten häufiger und längere Ruhepausen. Diese können sich wiederum hinderlich auf den nächtlichen Schlaf auswirken. Zum anderen kann Fatigue auch die geistige Leistungsfähigkeit und die sozialen Aktivitäten beeinträchtigen. Die Patienten empfinden es häufig als körperlich bzw. geistig anstrengend, z.b. kontinuierlich Aufgaben zu erfüllen oder längeren Gesprächen zu folgen. Nicht selten werden sie dann, insbesondere wenn körperliche Defizite nicht ins Auge fallen, von ihrer sozialen Umwelt als „Drückeberger", jemand der sich „hängen lässt" oder mit dem nichts „los ist" wahrgenommen."
(Quelle: http://www.krankenpflege-journal.com/multiple-sklerose/842-dipl-psych-c-engel-und-prof-dr-uk-zettl-fatigue-bei-ms-abnorme-energielosigkeit-fatigue-bei-patienten-mit-multipler-sklerose.html)

Was unterscheidet eine „übliche Fatigue" von dem Fatigue-Syndrom bei MS?

Eine MS bedingte Fatigue unterscheidet sich von einem Fatigue-Syndrom anderer Ursache dadurch, dass sie:
- schnell und plötzlich auftritt
- meist jeden Tag vorkommt
- trotz einer erholsamen Nacht morgens vorkommen kann
- durch Hitze oder Schwüle hervorgerufen oder erschwert wird
- normaler Weise schwerwiegender als eine normale Fatigue ist und sich auf den Tagesablauf auswirkt. (https://www.curendo.de)

Die Besonderheit der Fatigue-Symptomatik bei der MS ist, dass sie sich bei vielen MS`lern deutlich durch erhöhte Körpertemperatur (z.B. nach körperlicher Anstrengung, erhöhter Außentemperatur) oder im Rahmen von **Infekten** verschlechtert. Außerdem kann die MS-Fatigue noch dazu sämtliche MS-Symptome mitbringen, was den Zustand zusätzlich deutlich erschwert.

Fatigue macht keinen Unterschied zwischen Frauen und Männern – das ist auch interessant, da ja von MS zu 2/3 Frauen betroffen sind.

BEWÄLTIGUNG / UMGANG mit der Fatigue

> Ich habe MS,
> ich habe Schmerzen, ich bin ununterbrochen erschöpft,
> ich kann nicht schlafen, ich leide unter Inkontinenz,
> kognitiven Leistungsstörungen;
> ich kann nicht /oder nicht gut laufen,
> ich habe Probleme mit dem Gleichgewicht und ich bin immer müde
> Ich könnte 24 Stunden im Bett verbringen -
> so fühle ich mich manchmal.
>
> **Aber NEIN! Ich kämpfe.**
>
> Heute ist mein MORGEN, HEUTE ist MEIN Tag.
>
> Ich werde jede noch so kleine Möglichkeit nutzen und das Beste daraus machen.
> Es ist meine Wahl und ich entscheide mich dafür, immer an das Gute zu glauben
> und das BESTE aus ALLEM zu machen.
> Ich lache, auch wenn mir zum Weinen zumute ist,
> ich krieche, wenn ich nicht laufen kann: aber ich komme vorwärts.
>
> Meine Kraft liegt darin, dass ich mich jeden Tag aufs Neue entscheide,
> einen guten Tag daraus zu machen.
> Ich werde alles mitnehmen, was ich HEUTE kann!
>
> **Ich kämpfe und lasse meine MS nicht gewinnen!**
>
> ©2014 MULTIPLE-ARTS.com

Eine Auseinandersetzung mit der eigenen Fatigue ist unentbehrlich. Das bedeutet, dass man genau hinschauen muss – auch wenn dies sehr anstrengend sein kann… Eine Auseinandersetzung mit sich selbst scheint oft schmerzhaft und teilweise - je nach „Altlasten" und Veranlagung - auch kaum auszuhalten, aber sie bringt im besten Fall sehr viel. Man lernt nicht nur die Symptome seiner Erkrankung und deren Auswirklungen besser kennen und kann sie somit besser einschätzen lernen, sondern man findet auch einen (neuen) Zugang zu sich selbst, der wiederum auf vielen Ebenen hilfreich sein kann. Allein schon, wenn man feststellt, dass es anderen Betroffenen genauso geht und man mit dem jeweiligen Problem nicht alleine ist, kann dies für die Seele sehr heilsam sein. Wenn man dann noch lernt, sich selbst und auch seine Erkrankung anzunehmen, liebevoll mit sich selbst und seinen Beeinträchtigungen umzugehen, ist man mitten in der Bewältigung einer solchen Erkrankung und dies kann nur Vorteile bringen.

Ich habe beispielsweise bestimmte wiederkehrende „Auslöser" bei mir festgestellt und kann versuchen, diese zu meiden. Im Alltag ist es natürlich nicht immer möglich, solchen Auslösern aus dem Weg zu gehen. Aber wenn man weiß, dass beispielsweise Einkaufen eine Fatigue auslöst, kann man überlegen, wie man den Einkauf besser gestaltet, oder ob man eine andere Vorgehensweise in Betracht zieht (z.b., dass man lieber zwei kleine Einkäufe macht). Das wird jeder für sich herausfinden müssen. Das heißt also, man muss sich über längere Zeit hinweg genau beobachten, um herauszufinden, welche individuellen Einflussfaktoren erkennbar werden. Hierzu gehören dann auch Fragen wie: „Welche persönlichen Zusammenhänge finde ich?"; oder auch: „In welcher Situation fühle ich mich müde oder NICHT müde?".

Des Weiteren sollte man seine eigenen Gefühle hinsichtlich der Fatigue unter die Lupe nehmen: „Wie denke ich über mich, wenn ich Fatigue habe?"; oder auch: „Was glaube ich, denken die anderen über mich?".

So widersprüchlich wie Ihre Emotionen darauf ansprechen, so widersprüchlich verhält es sich auch mit der Fatigue. Denn es gilt ebenfalls herauszufinden, was die Fatigue eventuell positiv beeinflussen kann. Das heißt im Umkehrschluss, dass man sich auch fragt, wann es einem gut geht, wann man nicht müde, sondern vital ist.

Leider werden wir immer wieder mit den gut gemeinten Ratschlägen versorgt, die vielleicht zwar anderen helfen, aber nicht uns. Deshalb sind die besten Ratschläge meist jene, die man für sich selbst erarbeitet hat. Dann kann man auch besser zu sich stehen und sich gegebenenfalls verteidigen - mit Selbstbewusstsein und Selbststand, denn dann wissen wir ziemlich genau, was uns gut tut und was nicht.

Fatigue ist ein äußerst ernstzunehmendes Symptom! Auf Grund seiner enormen und zum Teil drastischen Präsenz hat dieses Symptom für die Patienten und deren Angehörige eine sehr große Bedeutung.

Was für mich zur Fatigue an sich immer noch erschweren hinzukommt, sind die Emotionen, die mit ihr hochkommen. Zum einen Gefühle wie Trauer, Verzweiflung und Wut - zum anderen merke ich, dass mich dieser Erschöpfungszustand manchmal auch „aggressiv" macht. Dann bin ich genervt und alles ist mir zu viel. Zur Fatigue gesellen sich sehr schnell sowohl das Uhthoff-Phänomen, als auch die Reizüberflutungs-Problematik und ein gewisses Gefühls-Chaos. Das alles zusammen ist eine Art Super-Gau und mich erwischt dieser spezielle Cocktail dann beispielsweise gerne, wenn ich im Supermarkt einkaufe, gestresst bin und mir sowieso gerade alles zu viel wird – wenn ich dann noch jemanden treffe, oder gar mehrere Personen nacheinander, kommt noch dazu, dass ich eventuell lange stehen muss und somit auch körperlich schneller erschöpft bin. In Phasen, wenn es mir sowieso nicht gut geht und mir dann solche Situationen begegnen, würde ich am liebsten in Tränen ausbrechen: mitten im Supermarkt! Ich fühle mich dann hilflos und überfordert. Wie ich schon in meinem Text „Grenzenlose Erschöpfung" beschrieben habe, wird mir dann ganz PLÖTZLICH alles zu viel. Ein Kleinkind würde sich jetzt sicher jammernd an seine Mama klammern oder sich schreiend auf den Boden werfen – nun sind wir diesem Alter aber längst entwachsen und möchten gerne angemessen reagieren. Das ist aber nicht einfach im Moment des Super-Gaus.

Das MS-Gehirn IST dann völlig überfordert, der Köper meldet schon längst Warnsignale an das Gehirn und das Gehirn schickt Meldungen an den Körper - was diese beiden wiederum gerne ignorieren und sie noch dazu aus der Bahn wirft. Somit nimmt ein grenzenloser Kreislauf der Verwirrung und Erschöpfung seinen Gang, gepaart mit einem grenzenlosen Gefühls-Chaos. Dann kann es auch passieren, dass man sich plötzlich gar nicht mehr „normal" verhalten kann, sondern vielleicht gar aggressiv und genervt reagiert, was unser Gegenüber kaum begreifen kann – WEIL man uns ja wieder einmal dieses umfassende schreckliche Symptom der Fatigue und Kraftlosigkeit nicht ansieht. Noch weniger sieht man uns an, was unser Gehirn in diesem Moment gerade leistet. Ein Auto-Immun-Sturm höchster Güte, ein verwirrtes MS-Hirn und übrig bleibt ein völlig überforderter MS´ler. Grenzenlos erschöpft, vielleicht auch verschämt und mit Sicherheit sehr traurig. Das ist kein „erfundenes" Szenario, sondern es ist Alltag im Fatigue-Leben.

Sicherlich kann man im Nachhinein noch einmal das Gespräch (z.B. mit dem Gegenüber aus dem Supermarkt) suchen und seine Situation erklären, sicher kann das „jedem Mal passieren" und sicher hört sich das jetzt auch nicht so schlimm an. Fakt ist aber, dass es uns nicht nur „Mal" passiert, sondern dass wir täglich solchen und ähnlichen Situationen begegnen. Denn es kostet uns unglaublich viel Kraft, solche Erlebnisse zu überstehen und sich danach nicht noch zu vergrämen. Fakt ist, dass wir anschließend nur noch ein Häufchen Elend sind und unser Körper dringend RUHE braucht um sich sortieren zu können.

Noch dazu kommt, dass die Auseinandersetzung im Nachhinein mit all diesen ausgelösten Zuständen ja wieder enorm viel Kraft kostet. Ein derart außer Kraft gesetztes MS-Hirn mit solchen Erlebnissen, muss erst einmal von der Schaltzentrale aus an den Körper funken, dass nun „alles wieder gut" ist. Und der Körper muss bereit sein, diesen Befehl anzunehmen – das kann er nur, wenn er nicht noch im Ausnahmezustand ist, sondern langsam wieder in seinen Normal-Fatigue-Erschöpfungs-Zustand zurückgekehrt ist. Und das braucht Zeit und Selbstfürsorge. Dann kann es auch sein, dass der Einkauf einmal stehen bleibt und nicht gleich weggeräumt wird, oder dass das Telefonat, das der Anrufbeantworter meldet, nicht direkt beantwortet werden kann. Ebenso ist dann Mailen geradezu unmöglich. Man braucht RUHE, absolute Ruhe, ein Abschalten aller äußerlichen Reize – um herunterzukommen aus diesem Tsunami-Wirbelsturm des Körpers und der Seele. Man braucht Achtsamkeit sich selbst gegenüber und grenzenloses Verzeihen: sich, seinem Körper und seiner Seele gegenüber. Denn wir wurden in diesen Tsunami verwickelt, wir wurden von ihm überrollt, ohne auch nur die geringste Chance gehabt zu haben, etwas dagegen tun zu können.

Fatigue hat etwas „Überwältigendes" und selbst Ärzte sind sich mittlerweile klar darüber und berichten entsprechend, dass man sie nicht „überwinden" kann und sich auch nicht „zusammenreißen" kann. Es geht einfach nicht. Wenn man sich deutlich macht, dass Fatigue ein Symptom einer Erkrankung ist, wie der Ausschlag bei Windpocken – dann wird klar, dass man in dem „Moment des Überrolltwerdens" nichts dagegen tun kann. Wir sind diesem Symptom in diesem Augenblick ausgeliefert und zwar völlig! Da man es uns (leider) nicht ansieht, ist es wirklich schwer begreifbar zu machen, denn selbst Aussagen, wie: „Man fühlt sich wie vom Laster überrollt!", treffen es nicht im Entferntesten.

Es bleibt uns also ein gutes Einstellen auf dieses Symptom, ein ausgeklügeltes Energie-Management im Vorfeld, sowie viele viele Ruhepausen und ein möglichst erfüllendes und ausgleichendes Tun in unserem Leben. Dass die Fatigue einer der Hauptgründe zur vorzeitigen Verrentung bei MS ist, wundert daher nicht.

Zum Glück gibt es auch die Tage, die nicht von der Fatigue bestimmt sind, die ohne „besondere Vorkommnisse" verlaufen und das ist auch gut so. ☺ Denn diese Tage zeigen uns, dass das Leben durchaus noch lebenswert ist und sein kann und sie geben uns dann auch die Kraft für die schwereren Tage und Zeiten.

Fatigue als Chance?

Als Chance kann ich weder die MS, noch die Fatigue direkt sehen. Aber beide haben mich gelehrt, dass es so wichtig ist, mehr im Hier und Jetzt zu leben. Auch kann ich somit mehr den „Moment" genießen und mich auf die schönen und guten Dinge im Leben besinnen – ebenso lernt man dann, die lieben Freunde und Angehörigen, die man (noch) hat, umso mehr zu genießen.

Ebenso liebe ich seit meiner Fatigue die Natur – das Aufhalten im Freien und das Beobachten, wie sich die Natur weiterentwickelt und verändert. Denn sie zeigt uns auch, *dass* es weiter geht. Im Frühjahr sprießt die Natur hervor und zeigt uns am Deutlichsten, was Wachsen und Reifen bedeutet. Das kann ich mittlerweile auch auf mein Leben übertragen. Es geht immer weiter und man kann an sich arbeiten, dass man sich eher auf die positiven und guten Dinge (und Menschen) im Leben konzentriert. Dann hat all das Negative nicht mehr so viel Raum um sich zu entfalten. ☺

Und wenn man Fatigue hat, ist die Vorfreude auf ein bevorstehendes Ereignis größer – denn man plant bewusst, legt im Vorfeld schon viele Pausen ein und besinnt sich somit deutlich mehr darauf, weil man sich intensiver vorbereitet. Manchmal führt der Kampf mit einer großen Lebenskrise oder einem traumatischen Ereignis gar zu einer positiven Veränderung als Ergebnis. Auf jeden Fall führt es wohl die meisten Menschen zu einem erhöhten emotionalen Bewusstsein. das heißt, wir leben mit Sicherheit etwas bewusster als ein selbstverständlich Gesunder.

DIAGNOSE

Die eindeutige Diagnose „Fatigue" ist äußerst schwierig zu stellen. Ich habe hier aus dem Internet Folgendes zusammengefasst:
(http://www.krankenpflege-journal.com/multiple-sklerose/842-dipl-psych-c-engel-und-prof-dr-uk-zettl-fatigue-bei-ms-abnorme-energielosigkeit-fatigue-bei-patienten-mit-multipler-sklerose.html)

Um zu prüfen, ob ein MS-Patient unter Fatigue leidet, gibt es ein Screening-Verfahren zum Stellen der nachfolgenden drei Fragen:

1. Ist vorzeitige Ermüdbarkeit eines Ihrer am stärksten beeinträchtigenden Symptome?
2. Tritt es täglich oder an den meisten Tagen auf?
3. Beeinträchtigt die Symptomatik Ihre Aktivitäten zu Hause und auf der Arbeit?

Kann der Patient alle Fragen bejahen, so muss man eine Fatigue-Symptomatik differenzialdiagnostisch erwägen.

Ein großes Problem besteht bei der systematischen Erfassung der Fatigue-Problematik darin, dass objektive Methoden derzeit fehlen und die subjektiv wahrgenommene Fatigue nur mit Fragebögen, die ihrerseits wieder subjektive Erfassungsinstrumente darstellen, erhoben werden kann.

Dabei ist es für den MS`ler mehr als hilfreich zu erfahren, dass er sich seine Symptome nicht einbildet, sondern diese definitiv vorhanden sind und „erhoben" werden können. Zwar muss man damit auch immer zugeben, dass man Defizite hat, aber es kann eine psychisch endlose Qual beheben, wenn man „Beweise" für seine Symptomatik hat. Anhand der Tests lassen sich dann das weitere Vorgehen besser planen.

Noch zwei Links / **Fatigue-Fragebögen**
- http://www.adrenal-fatigue.de/pdf/adrenal_fatigue_fragebogen.pdf
- https://www.thieme-connect.com/products/ejournals/html/10.1055/s-2003-42183#N65984

Ein Test,
den ich für recht aussagekräftig halte:

(http://www.krankenpflege-journal.com/multiple-sklerose/842-dipl-psych-c-engel-und-prof-dr-uk-zettl-fatigue-bei-ms-abnorme-energielosigkeit-fatigue-bei-patienten-mit-multipler-sklerose.html)

Körperliche Ebene:

Auf Grund meiner Erschöpfung während der letzten 4 Wochen...
- war ich ungeschickt und unkoordiniert
- musste ich meine körperliche Betätigung einschränken
- war ich wenig motiviert, Sachen, die mit körperlicher Anstrengung verbunden sind, zu tun
- hatte ich Schwierigkeiten, körperliche Anstrengungen über längere Zeit durchzuhalten
- habe ich mich schwach gefühlt
- habe ich mich körperlich nicht wohl gefühlt
- war ich nicht in der Lage, Dinge, die körperliche Anstrengung erfordern, zu beenden
- habe ich meine körperlichen Aktivitäten eingeschränkt
- habe ich häufige oder längere Pausen gebraucht

Mentale Ebene:

Auf Grund meiner Erschöpfung während der letzten 4 Wochen...
- war ich weniger aufmerksam
- hatte ich Schwierigkeiten, über längere Zeit Dinge zu verfolgen
- war ich nicht in der Lage, klar zu denken
- war ich vergesslich
- hatte ich Schwierigkeiten, Entscheidungen zu treffen
- war ich wenig motiviert, Sachen zu tun, bei denen ich mich **konzentrieren musste**
- hatte ich Schwierigkeiten, Sachen, bei denen ich mich konzentrieren musste, zu beenden
- hatte ich Schwierigkeiten, meine Gedanken bei der Arbeit oder Zuhause zusammenzuhalten
- war mein Denken verlangsamt
- hatte ich Schwierigkeiten, mich zu konzentrieren

Psychosoziale Ebene:

Auf Grund meiner Erschöpfung während der letzten 4 Wochen...
- war ich wenig motiviert, an sozialen Aktivitäten teilzunehmen
- war ich limitiert, Sachen außer Haus zu tun

Behandlung

Die Behandlung ist ebenfalls eine schwierige Angelegenheit. Am Anfang steht natürlich immer die ärztliche Abklärung.

Manchmal kann durch direkte Symptombehandlung (durch Beeinflussung der auslösenden Faktoren, durch Veränderung der Lebensgewohnheiten und durch Aktivierung eigener Ressourcen) eine Besserung eintreten. Oder auch durch Überlegungen, wie beispielsweise: wird die Fatigue durch verordnete Medikamente verstärkt oder hervorgerufen?

Teilweise kann Fatigue durch Medikamente behandelbar sein. Jeder Betroffene spricht anders auf die Wirkstoffe an. (Mir hat ein gewisses Medikament etwas Abhilfe geschaffen – leider nur temporär). Zudem sind diese häufig für andere Erkrankungen, nicht jedoch für die MS-bedingte Fatigue, in Deutschland zugelassen. Da ich medizinischer Laie bin, möchte ich mich hierzu nicht weiter äußern. Selten hilft eine Maßnahme nachhaltig, aber man kann natürlich einiges ausprobieren und sollte immer optimistisch bleiben. ☺ Der behandelnde Neurologe ist hier Ansprechpartner.

Auf jeden Fall gilt, dass das Wissen um die individuellen Einflussfaktoren in die Planung der eigenen Aktivitäten mit einbezogen werden muss.

Wichtig ist allerdings IMMER, dass man genügend Pausen einplant und zwar nicht erst, wenn man erschöpft ist, sondern schon im Vorfeld. Das sogenannte „Energie-Management" ist die wichtigste Grundausstattung, um der Fatigue nur ansatzweise beizukommen.

Das heißt aber auch, dass man in dem entsprechenden Moment akzeptiert, dass man eine Pause braucht. Aber das ist gar nicht so einfach, denn sich klar begrenzte Auszeiten zu gönnen, ohne das Gefühl zu haben, auf der „faulen Haut" zu liegen, muss erst erlernt werden. Wer allerdings seinen Tag von ständiger und sich aufsetzender Fatigue begleitet erlebt, weiß, wie notwendig es ist, vorausschauend zu planen. Dazu gehört leider auch, dem Tag oder der Woche eine individuelle (!)

Struktur zu geben und sich selbst Pausen und Entspannung STRIKT zu verordnen - denn eine klare Planung des Alltags mit Pausen spart Kraft. Das heißt auch, dass vor und nach einer Anstrengung Pausen mit eingeplant werden müssen.

Was „Pause" für den Einzelnen bedeutet, ist unterschiedlich. Der eine möchte ein kurzes Schläfchen halten, der andere meditiert oder macht Entspannungsübungen, der nächste macht wieder etwas anderes.

- ✓ **Dass man aufgrund der Fatigue in vielen Lebensbereichen nicht mehr so agieren kann, wie man es gerne möchte, oder wie man es gewohnt war, ist die große Herausforderung bei diesem unsichtbaren Symptom. Das verlangt Anpassung, Planung und vor allem viel Verständnis.**

Meine Texte entstehen als Ausdrucksform meiner Gedanken und Gefühle und sind somit authentisch – und betreffen mich und meine Form der MS.

Ich weiß von vielen Betroffenen, dass sie sich in diesen Texten wiederfinden und sie sich somit nicht mehr so alleine (gelassen) fühlen. Für Angehörige beschreiben sie recht deutlich, wie man sich als MS`ler fühlen *kann*. Dazu ist es wichtig zu wissen, dass MS die „Krankheit der 1000 Gesichter" ist und sie bei jedem Patienten völlig unterschiedlich verlaufen kann, es andere Zusammenhänge geben kann, sowie völlig unterschiedliche Symptome - und manche Symptome auch gar nicht auftreten müssen. Neuerkrankten sei gesagt, dass ich meine MS immer sehr klar benenne, da ich mich somit den Symptomen stelle. Ich schaue sie mir an und suche nach Lösungs- und Bewältigungsstrategien. Deshalb drücke ich sie in dieser Deutlichkeit aus – ich stelle mich ihnen, aber natürlich nicht in Demut, sondern ich biete ihnen die Stirn. Die meisten Texte sind deshalb auch sehr emotional. Viele Zeilen schreibe ich auch im „Auge des Sturms" – beispielsweise direkt nach einem heftigen Fatigue-Anfall oder einem traurigen Erlebnis.

*Grenzenlose Erschöpfung

FATIGUE „stellt eine ausgeprägte Erschöpfungssymptomatik dar ... die sich von normaler Müdigkeit in Ausmaß und Qualität stark unterscheidet." (Quelle: Zeitschrift Lidwina/Nr. 3, Seite 9 ff/ PD Dr. I.-K. Penner)

Und selbst dieser Satz beschreibt es nicht ansatzweise. Mir fehlen manchmal die Worte, um dieses unfassbare Symptom zu erklären, ja sogar es selbst zu begreifen.

> **W**enn man DAUERHAFT (!!!!)
> ERSCHÖPFT ist,
> GRENZENLOS erschöpft ist
> und sich darauf noch
> Fatigue-Attacken setzen:
> wie bitte soll man dann
> ein halbwegs normales Leben führen können???
>
> **Gar nicht**, denn man ist grenzenlos ausgebremst, man ist grenzenlos so müde und erschöpft, dass man manchmal nicht mal mehr „papp" sagen, geschweige denn DENKEN kann – Das kann dann so belastend, grenzenlos erschöpfend sein, dass man schon beim Gedanken an weitere Unternehmungen grenzenlos erschöpft ist...
>
> ©2014 MULTIPLE-ARTS.com

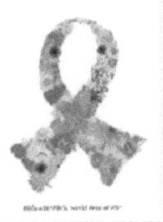

Ich habe neulich im Supermarkt eine alte Freundin getroffen, die sich Gedanken machte, warum ich mich so lange nicht gemeldet hätte. Reden beim Einkaufen – Stehen beim Einkaufen.... Mit Fatigue schon ein Marathon. ☹

Sich erklären zu müssen, ist noch einmal ein Marathon, obwohl es natürlich notwendig ist. Freude über das Wiedersehen und gleichzeitig Panik, ob ich es schaffe, mich wie ein normaler Mensch unterhalten zu können. Meine Augen zicken und wirren umher und sehen nur noch die Hälfte, die Beine sind Gummi und der Markt verschwimmt – oder schwindelt es mir??? Fatigue, Sehstörungen und alle bekannten Symptome feiern ein Fest – mitten im Supermarkt.

Als ich es anschließend völlig entkräftet zum Auto schaffe und mich dort erst einmal ausruhe, ziehe ich Bilanz:

Natürlich bin ich sehr traurig, dass ich mich nur noch selten abends privat auf ein Schwätzchen treffen kann – ich würde es mir auch anders wünschen. Aber mir wird auch bewusst, dass mein Leben sehr gefüllt ist, erfüllend ist und ich viele tolle Termine habe. Zwischendurch muss ich LIEGEN und verrichte dann eben Dinge, die ich in

RUHE ohne weitere äußere Reize erledigen KANN. Zum Beispiel auch mal in Facebook unterwegs sein… oder Texte schreiben…. recherchicren usw.!

Mir ist auch bewusst, dass auch manchmal, nein OFT, private Termine zu kurz kommen, denn alles schaffe ich einfach nicht mehr….

Aber, das wird mir klar: WIE DENN AUCH?

Wenn man DAUERHAFT (!!!!) ERSCHÖPFT ist, GRENZENLOS erschöpft ist und sich darauf noch Fatigue-Attacken setzen: wie bitte soll man dann ein halbwegs normales Leben führen können???

➜ Gar nicht, denn man ist grenzenlos ausgebremst, man ist grenzenlos so müde und erschöpft, dass man manchmal nicht mal mehr „papp" sagen, geschweige denn DENKEN kann - und ein Treffen, noch dazu abends? Das kann dann so belastend, grenzenlos erschöpfend sein, dass man schon beim Gedanken an das eigentlich freudige Ereignis grenzenlos erschöpft ist…

Ich mag es auch nicht, dass es so ist. Wirklich nicht und mir fehlen auch meine geliebten Mädels-Abende und Vieles mehr. Dafür müsste ich dann an anderen Stellen zurückstecken – beispielsweise keine Lesungen mehr halten, keine Vernissagen mehr veranstalten, nicht mehr an meinen geliebten Blogger-Workshops teilnehmen…. Aber wäre das erfüllend? Für mich nicht! Und ich spüre, dass ich, solange ich DAS noch kann, ich es auch LEBEN möchte….

Scheinbar gönnt es mir meine Fatigue nicht, „auf mehreren Hochzeiten zu tanzen"! Also MUSS ich mich entscheiden und darauf vertrauen, dass mich meine Freunde nicht fallen lassen, dass sie begreifen, wie wichtig mir mein momentanes Tun ist und dass ich manchmal für ein Treffen zu erschöpft bin.

Das ist MS-Leben, das auch alle anderen Beteiligten mit betrifft. Realität und Entscheidungen. Hallo MS; Hallo Tanz durchs Leben und Hallo Fatigue und grenzenlose Erschöpfung, die man mir nie ansieht!

*Grenzenlos

Grenzenlos heißt ja auch: ohne Grenzen.

Fatigue ohne Grenzen – das passt leider, denn meine Fatigue IST grenzenlos.

Grenzenlos schlimm.
Grenzenlos komatös.
Grenzenlos bleischwer.
Grenzenlos schwer zu ertragen.
Grenzenlos abartig.
Grenzenlos unkalkulierbar.
Grenzenlos Energie raubend.
Grenzenlos erschöpfend.
Grenzenlos UNSCHÖN
… und sie macht mich grenzenlos traurig, machtlos und wütend!

Und doch setzt uns die Fatigue ganz klar GRENZEN!
Grenzen in unseren Möglichkeiten.
Grenzen in unserer Energie und Kraft.
Grenzen in unserer Planung.
Grenzen in unserer freien Entscheidung.
Grenzen in unserem Körper.
Grenzen in unserer Seele.
Grenzen in der Lebensqualität.

Sehr ambivalent ist sie – diese Fatigue und doch bestimmt sie unser Leben so maßgeblich!
    Jeder Mensch möchte in Freiheit leben und zum Glück ist es uns vergönnt, in unseren Ländern immerhin in Freiheit leben zu können. Ganz oft setzen wir uns eigene Grenzen, sind gefangen in unseren Strukturen oder „Altlasten"! Sobald wir Grenzen von „außen" gesetzt bekommen, wird es unter Umständen noch einmal ungemütlicher und genau das passiert bei der Fatigue: sie wird uns übergestülpt und das auch noch grenzenlos!

Längst schon wurde sie auffällig grenzüberschreitend, ausufernd und sie missachtet alle vorgegebenen Grenzen. Eine unerlaubte Grenzgängerin. Sie überscheitet Grenzen und schert sich nicht um die Verwüstung und Zerstörung die sie hinterlässt. Sie scheint zudem äußerst egozentrisch zu sein, denn sie nimmt es in Kauf, dass sie all diese Spuren zurücklässt, sie nimmt keine Rücksicht und „macht ihr Ding", ungeachtet dessen, was Körper und Seele dazu sagen.

Höchst unsympathisch und kriminell !!!

Grenzenloses Ausmaß, grenzenlose Erschöpfung, grenzenlose Kraftlosigkeit – all das kann Fatigue sein!

Und doch stehen wir danach wieder auf, bieten der Grenzenlosigkeit die Stirn und machen weiter, mit Zuversicht und dem Hoffen, dass die nächste Fatigue-Attacke auf sich warten lässt! **Hier dürfte sie sich gerne mal grenzenlos ZEIT lassen!** ☺

Die **FATIGUE** setzt uns so viele **GRENZEN!** Gerne dürfte sie sich mal grenzenlos Zeit lassen, bis sie wieder zuschlägt!

Frei übersetzt nach www.facebook.com/survivingchronicpain

Meinst DU, meine **Beschwerden** seien ein

SCHWINDEL ???

Glaubst Du wirklich, ich würde es mögen

1. zahllose schmerzhafte Prozeduren über mich ergehen lassen zu müssen?
2. die schrecklichen Nebenwirkungen meiner notwendigen Medikamente ertragen zu müssen?
3. Freunde zu verlieren?
4. unfähig zu sein, Dinge zu tun, die ich liebe?
5. meine Karriere auf's Spiel zu setzen oder meinen Job zu verlieren?
6. evtl. nicht mit meinen Kindern spielen zu können?
7. immer wieder bewertet und falsch beurteilt zu werden?

DENKE NOCH EINMAL NACH !!!

by MULTIPLE-ARTS.com

*FATIGUE-Hölle: ich war dort!

Komatöser Zustand.
Todmüde sein (einem Delirium gleich) - und nicht schlafen können!
Nicht fähig zu sein, irgendetwas anderes zu tun als liegen....
Einfach nur liegen....
Mit geschlossenen Augen, aber OHNE Schlaf....
Jeder Muskel schmerzt, jede Bewegung ist hoch anstrengend...
FATIGUE - diese eine der 1000 bösen Fratzen der MS!
Ein Zustand, der sich nicht beschreiben lässt...
Ein Zustand zwischen halb wach, halb tot und halb Koma...
Eigentlich KEIN Zustand, sondern nur ein Drama!
Ein Drama nach einem zwar erfüllten Tag, aber mitten im MS-Sturm.
Ein Drama, die Hölle!
Ein typisches MS-Drama: F A T I G U E !
Unser Alltag! Hallo MS; Hallo Leben und Hallo WUT!

*FATIGUE und Feiern!

Da ist sie, dieses Biest! Wieder einmal. Ungefragt, aufdringlich und dreist. Übergriffig und distanzlos. Eigenschaften, die man schon bei Mitmenschen nicht mag. Bei Fatigue erst recht nicht, weil man sich nicht wehren kann. Ich kann sie nicht einfach ignorieren oder herauswerfen, ich MUSS mich ihr stellen. Gnadenlos.

Es interessiert sie nicht, ob ich heute noch etwas Schönes vorhabe, ob ich mich wochenlang darauf gefreut habe – sie ist egozentrisch und verlangt einfach nur ihr Recht. Sie will ihr DASEIN feiern und zelebrieren, so wie ich gerne mein Dasein OHNE sie zelebrieren würde. Und ich möchte gerne ausgehen!

Mein „Allheilmittel" – ein Gläschen Sekt habe ich bereits intus und schleudere ihr entgegen: „Liebe blöde Fatigue: ich gehe! Du kannst mich nicht aufhalten, Du kannst mich nicht abhalten. Ich lasse mein Leben nicht von Dir bestimmen – ich möchte selbstbestimmt leben. Du nimmst mir Vieles. Du nimmst mir aber eins nicht und das ist meine Lebensfreude! Ich biete Dir die Stirn und trinke gleich noch ein Gläschen auf Dich – denn Sekt magst Du zum Glück nicht!"

Ha! Was ein Glück, denn ich liebe das Leben! „Tschüss Fatigue, ich gehe feiern! Verdrücke Dich, verschwinde und lasse mich in Ruhe!".

*Emotionale Fatigue, taube Beine und wenig Achtsamkeit

Herrlicher Sonnenschein, ein Sommer-Sonntag-Morgen und leichter Wind: Traumwetter - und für einen Uhthoff-Geplagten erst Recht. Also marschierte ich los mit meinem Seelenhund, auf ins Feld, in die saftigen Wiesen, an den Bach und hinein in die sprießende Natur und das Leben. Mitten hinein, voller Freude.

Wir hatten einen tollen Spaziergang mit vielen netten Begegnungen, wir genossen die wärmenden Sonnenstrahlen und Smiley noch dazu das kühlende Nass des Baches.

Auf dem Rückweg merkte ich schon, dass ich insgesamt etwas kraftloser wurde und freute mich bald Zuhause zu sein und mich hinlegen zu können. Auch die Beine wurden etwas wackelig, schwach und freuten sich ebenfalls darauf, sich ausstrecken zu können.

Fünf Minuten vor unserem Zuhause trafen wir eine Nachbarin mit Hund, die gerne auch von ihren gesundheitlichen Problemen und denen ihrer Tochter spricht, die tatsächlich auch schwerwiegend sind. Und schwups, saß ich mitten in der Falle: in der Falle zuhören zu wollen, empathisch sein zu wollen und nicht ungeduldig zu werden. In der Falle, dass ich „anständig" bin und sie nicht stehen lasse. Die Falle schnappte zu und zwar gewaltig und bescherte mir enorm taube Beine, die noch dazu zu Gummi wurden. Ich thematisierte dies und merkte noch an, dass ich nicht mehr stehen könne und weiter müsse. (Sie weiß von meiner MS). Aber gefangen in der „Lieb-Falle" hörte ich mir weiterhin die traurigen Geschichten an, hielt mich am Zaun fest und als ich dachte, dass ich jeden Moment zusammenklappen würde, wurde ich zum hundertsten Mal noch deutlicher und stolperte dann endlich weiter. Smiley hatte in der Zwischenzeit zwar kapituliert und sich hingelegt (in den Schatten – mir brutzelte die Sonne aufs MS-Hirn - Hallo Uhthoff!), aber er spürte meine Unruhe und fing an zu jaulen – danke, denn er „schaffte" mich quasi weg aus dieser Falle.

Völlig entkräftet Zuhause angekommen, mit allerletzter Kraft, kamen mir die Tränen und ich sackte in mich zusammen.... Ich konnte den Hund noch mit seinem Fressen versorgen (irgendwie „funktionierte" ich) und mein Mann kam besorgt auf mich zu und wir sprachen über dieses Ereignis. Eine sehr heftige allumgreifende emotionale Fatigue eroberte meinen geschwächten Körper und meine angegriffene Seele. Sie ließ ein Häufchen Elend zurück, das sich noch selbst Vorwürfe machte, dieser Falle nicht rechtzeitig entgangen zu sein! Ich erzähle das nicht, um Mitleid zu erhaschen, sondern um aufzuzeigen, **wie wichtig es ist, dass wir lernen, mehr für uns selbst zu sorgen.** Diese emotionale Fatigue hat mich nun den herrlichen Sonntag gekostet und die extrem unempathische Nachbarin trinkt vermutlich gerade gemütlich einen Kaffee.

Schluss damit: beim nächsten Mal versuche ich DIREKT zu reagieren, direkt weiterzugehen und gar nicht erst stehen zu bleiben. Ich habe nun mal diese Symptome und ich muss auch achtsam und auch GNÄDIG mit MIR umgehen. Empathie für andere hin oder her: mein Zustand war besorgniserregend und dementsprechend hätte ich handeln müssen. Hätte ich … ☺

ABER: solche Erfahrungen lehren uns im besten Falle etwas und ich hoffe, dass ich in einer nächsten ähnlichen Situation deutlich schneller selbstbestimmter handeln kann. Hallo MS; Hallo Tanz durchs Leben und Tanz durch die Emotionen; Hallo Emotionale Fatigue und Achtsamkeit!

(PS/Anmerkung: ich habe geübt und schaffe es mittlerweile besser, mich zu entziehen!). ☺

 Es ist wirklich komisch, dass ich mich an manchen Tagen recht "fit und gesund" fühle,

und an anderen Tagen wieder wie
eine Tüte zerbröselter Kekse …

Aber das ist eben CHRONISCH krank!

Multiple-artS.com

*Energiemanagement, Torte und Fatigue: BÄÄÄÄNG!

Freitag, der 13.! Das ist meine „Deadline", beziehungsweise schon Donnerstag, der 12., denn dann MUSS die Hochzeitstorte für eine liebe Nachbarin fertig sein.

Ich fange rechtzeitig an die Dekoration aus Fondant zu formen – genau nach Vorgaben des Brautpaares: Röschen und viele Herzchen in unterschiedlichen Größen. Letztere muss ich nur ausstechen. Ich plane, ich organisiere ... Und ich streiche diese eine Woche, die ich der direkten Vorbereitung widme, im Kalender entsprechend an, damit ich mir diese Tage „blockiere".

So einfach ist das allerdings nicht: es kommen zwei Geburtstageinladungen dazwischen, die ich auch wahrnehmen MÖCHTE und so plane ich neu: wann backe ich was, wo lagere ich die Kuchen – es wird immerhin eine hohe 2-stöckige Torte – und wann bereite ich die Cremes zu? Ist mein Kühlschrank dann leer genug, und und und? Energiemanagement und absolutes Durchplanen vom Feinsten. Flexibilität ist genauso gefragt, da immer etwas dazwischen kommen kann.

Die Woche läuft gut an: am Dienstag habe ich die beiden unteren Kuchen gebacken und kühl verstaut, am Mittwoch bereite ich die Cremes und die obere Etage zu.

Nicht bedacht dabei hatte ich, dass ich sehr viel STEHEN muss. Das hat mir steife Beine, Spastiken und Schmerzen gebracht, die ich nur mit Aspirin und striktem Hinlegen in den Griff bekam. Dienstag eine Einladung dazwischen, Mittwoch ebenso und Donnerstag dann der Countdown und die nächste haargenaue Planung - denn sobald die Torte aufeinandergesetzt und fertig dekoriert ist, MUSS sie zur Location gefahren und dort sofort im Kühlhaus untergebracht werden. Kein einfacher Akt, denn solch eine Torte muss noch dazu vorsichtig transportiert werden.

Mittendrin überfällt sie mich: die so gefürchtete Fatigue – ein Überfallkommando der fiesesten Art, das mir noch dazu Übelkeit und Kopfschmerzen, Sehstörungen und taube Gliedmaßen beschert.

Und nun?

Hinlegen, sofort, flach…Ruhe haben…. Dankbar sein, dass es heute nicht heiß ist und die Torte einen Moment so stehen bleiben kann, ohne hinweg zu schmelzen. Hallo Fatigue; Hallo MS und Hallo WUT und Unberechenbarkeit! Nach einem Glas Sekt und einer guten halbe Stunde Pause ging es wieder…: auf in den Tortenkampf!☺

Mit der Hilfe von Nachbarinnen und der meines Mannes haben wir den Transport geschafft: Donnerstag, um 18.30 Uhr war die Torte sicher und wohlbehalten im Kühlhaus der Location. Puh, geschafft!

Und ich?

Ich war ein Wrack: steife Muskeln, Schmerzen, steifer Nacken, verknotete Schultern, taube Hände, tauber Trigeminusnerv und eine so abnorme Abgeschlagenheit, dass ich hätte weinen können… Hätte ich die Kraft dazu gehabt!

Zuhause angekommen gönnte ich mir eine lange gemütliche Pause.

Und obwohl ich ja sonst wirklich recht locker mit einer verwüsteten Küche umgehen kann: diese Kleberei und Schmiererei, diese Krümelei und das enorme Chaos, sowie die restlichen Lebensmittel MUSSTEN noch versorgt werden. Also auf in den nächsten Kampf: das Saubermachen und Putzen. Ich habe es geschafft, wieder mit vielen Pausen, aber spät abends war ich dann so erschöpft, dass ich wirklich körperlich und nervlich am Ende war.

Sicher, ich habe es gerne gemacht, es macht mir sooo viel Freude – vor allem das Dekorieren der Torte. Aber was sagt mein Körper dazu? Er war überlastet.

Ich wollte es erst nicht zugeben – nicht vor MIR und nicht vor anderen und doch musste ich es einsehen: mein MS-Körper schafft so etwas nicht mehr so einfach…. Trotz eines ausgeklügelten Energie-Managements, trotz geplanter Pausen und Zwischenpausen, trotz Liebe an der Arbeit und trotz hoher Motivation: es war zu viel. ☹ Das lange und viele Stehen am Stück, das handwerklich feinmotorische und kraftzehrende Arbeiten mit den Händen, die gebückte Haltung, das Konzentrieren und der „Druck", dass alles „perfekt" sein sollte (denn das Brautpaar erwartet ja zurecht eine schöne Torte - auch wenn wir das rein freundschaftlich geregelt haben) – einfach „too much"!

MS. Diese 2 verflixten Buchstaben, die mein Leben zwar nicht dominieren, aber doch manchmal sehr klar bestimmen. Ich mag sie einfach nicht, diese MS.

Dieses BÄNG, mit dem sie über mich herfällt. BÄNG, mit brachialer Gewalt!!!

Wie immer konkurrieren in mir Dankbarkeit, dass ich es überhaupt noch schaffe, solch eine Aufgabe übernehmen zu können.... und Trauer und Wut, dass es mir die MS doch auch wieder vermiest.

Ich schreibe das so detailliert, damit jedem Leser - mit oder ohne MS - klar wird, wie unberechenbar MS sein kann, wie schwierig es trotz Energie-Managements sein kann, sein gesetztes Ziel zu erfüllen.... Und wie dankbar ich doch bin, dass ich diese Lebendigkeit überhaupt noch spüren darf. Hallo MS; Hallo Tanz durchs Torten-Leben und Hallo Lebendigkeit!

Mit einer chronischen Erkrankung kann man die Frage **"Wie geht es Dir?"** eigentlich kaum noch beantworten - denn man kann sich schon lange nicht mehr erinnern, **wie sich "normal" anfühlt...**

Multiple-artS.com

*Hauptsache, ich war dabei! ☺

Das könnte ein Motto-Spruch von vielen MS`lern sein, denn immer wieder höre und lese ich, dass sich ein MS`ler freut, dass er an einem Event teilnehmen konnte. Auch, wenn er vielleicht früher gehen musste; oder zwar nicht tanzen, aber eben zuschauen und mitwippen konnte; oder wenn er es nur unter Schmerzen geschafft hat, eine Fatigue überwinden musste und die Inkontinenz ihm einen Strich durch die Rechnung gemacht hat…

Hauptsache dabei! ☺

Das spricht von so viel Dankbarkeit und auch Lebensweisheit. Denn ein beeinträchtigter Mensch weiß, wie wertvoll besondere Momente sind und wie schnell ein paar Augenblicke, ein Wimpernschlag der Zeit, zu einem ganz besonders langen POSITIVEN MS-Moment werden können.

Dankbar für besondere Erlebnisse, dankbar für wundervolle Spaziergänge (mit dem Hund), dankbar für die Vielfältigkeit der Natur, dankbar für liebe Worte, dankbar für liebevolle Menschen, dankbar für Verständnis – BESONDERS sind diese Erfahrungen, die wir lange im Herzen tragen und die uns lange Zeit warm halten – auch über weniger gute Zeiten hinweg.

Es ist besonders, wenn man sagen kann: „Das war aber jetzt schön! – Auch, wenn…. HAUPTSACHE, ich war dabei!". ☺

*Hektik, Termine, das echte Leben und ein Fatigue`ler mittendrin

Was waren das für 3 lebendige Wochen! ☺ Und ich war mittendrin im Leben, voller Genuss und Hingabe, voller Lebendigkeit und Freude – und voller Fatigue!

Bei meiner letzten Lesung wurde mir in Gesprächen mal wieder deutlich, wie viel wir TROTZ MS leisten und wie viele MS`ler in der Öffentlichkeit damit keine Anerkennung finden und dass scheinbar uns wohlgesonnene Angehörige auch ihre (verständlichen) Grenzen des Begreifens, des echten Begreifens haben.

Wie denn aber auch? Wenn wir nicht jammern, wirken wir wie das „blühende Leben" und agil. So *wirken* wir!

ABER: man sieht uns ja auch nur in *den* Momenten in der Öffentlichkeit, in *denen* es uns tatsächlich einigermaßen GUT geht - Denn entweder haben wir ein enormes Energie-Management betrieben oder uns mit Medikamenten „gedopt". Tatsache ist: wir sind anwesend und werden als anwesende, lachende Person wahrgenommen, der es „schon nicht so schlecht gehen kann….".

Wer meine letzten Wochen verfolgen konnte, die geprägt durch Termine zum Welt-MS-Tag und Lesungen waren, in denen ich eine komplette Woche für die Zubereitung einer großen Hochzeitstorte reservieren musste, der hat sich rein oberflächlich vielleicht gewundert, was ich da alles schaffe – aber ein gut Hinschauender oder ein „Wissender" weiß einfach, was es mich für eine zum Teil übermenschliche Kraft gekostet hat all das zu schaffen.

Lächelnd versteht sich und aussehend wie das „blühende Leben"! Keiner kann hinter die bröckelnde Fassade schauen: hinter die Fatigue-Anfälle, die Schwächemomente, die völlige abartige Kraftlosigkeit, die mit Übelkeit und Schmerzen sowie Spastiken einhergeht. Niemand kann sehen, wie leer mein MS-Hirn ist, welche Kraft mich selbst ein Liken auf FB kostet. **Es kann nur derjenige sehen, der es ahnt, miterlebt oder kennt.**

Und doch lächeln wir….Warum?
WEIL wir leben wollen, weil wir teilhaben wollen, weil wir doch bitteschön dazu gehören, dabei sein und gebraucht werden, sowie nützlich sein wollen. So, wie jeder Gesunde auch.
Ich habe heute nach einem wundervollen Hunde-Seminar, das mir sehr wichtig war, meine Grenzen erleben MÜSSEN. Es tut einfach weh, wenn wir sie so heftig und brachial erleben. Denn wir spüren unsere eigenen Beeinträchtigungen dann minütlich und erleben sie mit: hilflos…. machtlos…. traurig…. und auch kämpferisch!
Diesen „Verfall" einfach nicht aufhalten zu können, aber aushalten können zu müssen – das ist hart.
Und doch kommt wieder Dankbarkeit auf, dass es überhaupt möglich ist, so am Leben teilhaben zu können. Aber auch die Angst kriecht empor: es stehen noch einige wichtige Termine bis Ende der kommenden Woche an und das Groß-Ereignis des Welt-MS-Tages, den ich in Fulda mit"feiere" und an dem ich möglichst „fit" sein muss!
Unsere immerwährende Frage kommt auf: was lasse ich an Terminen bis dahin stehen, was sage ich ab – wieviel bin ich bereit aufzugeben, mich auszuschließen und wie wichtig ist mir mein Energie-Management und wie notwendig wird es sein? Allein schon diese Gedanken sind kräftezehrend und energieraubend – und doch sind sie notwendig und auch unser Alltag!
Das echte Leben, ein Tanz durchs Leben, ein Tanz auf dem Glatteis mit Stolperfallen und auch Chancen. **Chancen auf LEBEN, auf schöne Erlebnisse, auf Zuversicht und Vertrauen.**
Unser tägliches Leben. Zuversicht und Bangen. Manchmal zermürbt es mich und in solchen schweren Augenblicken frage ich mich, wie ich gestern noch einer Freundin erzählen konnte, dass es mir gut gehe…. DAS ist MS: heute so, morgen so - aber auch immer mit dem Wissen, dass es morgen tatsächlich wieder besser sein kann. Nicht aufgeben! Hallo MS; Hallo Leben und Hallo Durchhaltevermögen! Lächeln wir uns durchs „blühende Leben", zeigen wir der Welt, dass WIR lächeln können, auch mit Tränen in den Augen und einem schmerzenden Körper! DANKE an jeden, der uns einfach nur vertrauend, zugewandt und still ZUHÖRT!

Bitte VERSTEHE ...

Ich versuche jeden Tag aufs NEUE mein BESTES zu geben!

by multiple-arts.com

Ich versuche, mich durch das Drama Fatigue hindurch zu kämpfen ...

Ich versuche, mich durch all meine Schmerzen zu kämpfen ...

Ich versuche, mich durch den Nebel und die Leere in meinem Kopf zu kämpfen ...

Ich versuche, mich von meiner Schlaflosigkeit nicht unterkriegen zu lassen ...

Ich versuche, mich durch all meine Schuldgefühle hindurch zu kämpfen ...

Ich versuche, mich nicht von all den Verurteilungen und Abwertungen aus der Bahn werfen zu lassen ...

Ich versuche, mich durch meine Ängste und Sorgen hindurch zu kämpfen ...

Ich versuche, all die ach so gut gemeinten „Rat-SCHLÄGE" zu ignorieren ...

Ich versuche, mich selbst jeden Tag daran zu erinnern, dass ich all dies tun muss ...

UND ich stehe immer wieder auf!
ICH GEBE NIEMALS AUF!

by multiple-arts.com

*In Ruhe ankommen und doch lebendig sein

Ich male ja sehr viel. Aus Leidenschaft und natürlich freue ich mich auch, wenn ich meine Kunstwerke verkaufen und in liebevolle Hände abgeben kann. Und beim Malen empfinde ich eine große Ruhe, die sich über mich legt...

Ich brauche dieses Zurückziehen ebenso, wie die Luft zum Atmen. Ich brauche Ruhe, Sonnenlicht, schöne Musik und möchte Abtauchen. Beim Malen schaffe ich das genauso wie beim Schreiben meiner Texte. Ein Geschenk, solch einen Flow erleben zu dürfen.

Mit MS, beziehungsweise mit Symptomen wie Fatigue und Reizüberflutung (und wenn man dann noch dazu ein HSP ist (= hochsensible Person), dann ist Ruhe nicht nur angenehm, sondern DRINGEND notwendig! Rückzug für die Nerven und auch für die Sinne, wenig Reize.... Und doch male und schreibe ich in solchen Momenten und es entstehen sowohl die besten Texte aus dieser Phase heraus, als auch besonders lebendige Bilder.

Und dann, als ich mir eines Tages das Ergebnis eines solchen absoluten „Ruhe-Malens" anschaute, bemerkte ich, dass diese Bilder vor Farben-Lebendigkeit, Dynamik und Lebendigkeit nur so sprühen – das hat mich dann doch überrascht – aber nur kurz.

Ein Widerspruch?

Nein, kam es mir: Mein Leben. ☺

Es spiegelt mein Leben sozusagen wider: ich lebe gerne, ich mag meine MS nicht und in schweren Momenten hadere ich auch mal kurz mit meinem Schicksal. Aber ich möchte unbedingt lebendig sein, teilhaben am pulsierenden Leben, am Puls der Zeit... DAS genau zeigen dann die gemalten Bilder: in der Ruhe lieg die Kraft und offensichtlich auch die Lebendigkeit, die Explosion der Farben und Gefühle.

Es ist ein schönes Erwachen in dem Augenblick, in dem ich das spüre. Denn das Leben kann bunt sein, es kann pulsieren und wir können mittendrin sein. Auch mit MS, oder auch gerade wegen der MS, da wir gelernt haben, die kostbaren Augenblicke besonders zu genießen. Hallo MS; Hallo Leben und Lebendigkeit!

Die Ungewissheit auszuhalten,

ist eines der schwierigsten Dinge einer chronischen Erkrankung.
Diese Ungewissheit wird immer ein Part Deines Lebens sein,
ungeachtet dessen, wie Du fühlst.

by multiple-arts.com

Selbst an einem sehr guten Tag lauert
sie dunkel und machtvoll im Schatten -
bereit, jeden Moment hervorzukriechen
und Dir einen Strich „durch die Rechnung" zu machen.

by multiple-arts.com

Vieles in Deinem Leben wird dadurch
nicht mehr sicher sein ...

Du fühlst Dich vielleicht heute gut
und dies bleibt womöglich sogar für einige Zeit so -
aber dann plötzlich kann wieder alles anders werden.

by multiple-arts.com

Das ist diese schreckliche Ungewissheit.

Du kannst Dich niemals sicher fühlen.

DAS auszuhalten kostet manchmal mehr Kraft,

als die Erkrankung an sich!

by multiple-arts.com

Reizüberflutung

Reizüberflutung ist nicht nur ein Wort, sondern ein Zustand. ☺
Meine Form der MS, die noch gekoppelt ist mit Hochsensibilität (HSP) reagiert auf zu viele Reize **sofort**: mit Fatigue und Sehstörungen. Wenn es „ganz dicke" kommt, dann gerne auch mit allen bekannten und auch neuen MS-Symptomen – und sie bringt dann oft noch Herrn Uhthoff mit. ☹
Es war ein langer Weg bis mir klar wurde, dass ich nicht einfach nur empfindlich bin.... Mir nicht immer selbst die „Schuld" gegeben habe, wenn mich etwas überfordert hat (so nach dem Motto: „Stell Dich nicht so an!"). Nein, es ist ein Tatbestand, dass dies auch ein Symptom der MS ist, allerdings liest man darüber sehr wenig und ich musste mich auf amerikanische Studien verlassen.
Laut Wikipedia ist „Reizüberflutung eine umgangssprachliche Metapher für einen angenommenen Zustand des Körpers, in dem dieser durch die Sinne so viele Reize gleichzeitig aufnimmt, dass sie nicht mehr verarbeitet werden können und beim Betroffenen zu einer psychischen Überforderung führen. Diese Überforderung des (menschlichen) Organismus bzw. Nervensystems durch Sinneseindrücke betrifft die Sinne (Hören, Sehen, Riechen, Schmecken und Tasten) einzeln, in Kombination, für einen kurzen Zeitraum und auch langfristig."
(https://de.wikipedia.org/wiki/Reiz%C3%BCberflutung

MS-Betroffene, die dafür empfänglich sind, reagieren dabei besonders stark. Anhaltende Reizüberflutung kann beispielsweise auch dauerhafte Konzentrationsschwierigkeiten bewirken.
Es gibt wohl kaum einen Bereich des Körpers, der hierdurch keine Defizite erleiden würde. Die hierzu passenden Krankheitsbilder: Das Chronical Fatigue oder das Burn-Out-Syndrom (bei MS wäre das dann eventuell die FATIGUE) und Beschwerden, die direkt im Zusammenhang mit einer Reizüberflutung auftreten: Tinnitus oder Migräne etwa. Auslöser dieser Überforderungen sind meistens Hektik, Stress und die damit einhergehende Unfähigkeit abzuschalten. Zahlreiche psychosomatische Krankheiten werden auf ein Übermaß an äußerlichen Reizen zurückgeführt.

Beispiele für mögliche Auslöser sind:
- Gehör: Lärm, mehrere gleichzeitige akustische Quellen (z. B. Gerede inmitten einer Menschenmasse)
- Augen: Vielzahl von Farben, blinkende Lichter, schnelle Bewegungen
- Geruchs- und Geschmackssinn: Reizüberflutung kann auch bei einem bunt gemischten Essen auftreten, das z.b. die unterschiedlichen Geschmacksrichtungen süß, sauer, bitter, salzig zugleich enthält, so dass diese nicht mehr einzeln empfunden und zugeordnet werden können
- Erhöhte Außen-Temperatur (bei MS = „Uhthoff-Phänomen")

Sicher ist, dass Reizüberflutung kurzfristig zu STRESS, Hektik, aggressiven Reaktionen und schneller Erschöpfung führt.

Manchmal entlasten Entspannungsübungen und Ruhe das übermäßig aktive Gehirn.

Reize wahrnehmen/Sinneswahrnehmung:

Wir nehmen die Welt über unsere Sinne wahr: sehen, hören, riechen, schmecken, fühlen. Am meisten allerdings beherrschen uns die visuellen und akustischen Eindrücke. Man weiß, dass von den Sinnesorganen die Reize über Nervenbahnen direkt in unser Gehirn gelangen, wo sie verarbeitet werden. Da jedes Sinnesorgan einem eigenen Zentrum im Gehirn zugeordnet ist, können problemlos mehrere Eindrücke verschiedener Sinnesorgane gleichzeitig verarbeitet werden. Von einer *Reizüberflutung* wird nur dann gesprochen, wenn so viele Eindrücke, meist desselben Sinnes, auf den Menschen einwirken, dass das Gehirn die gesehenen oder gehörten Informationen nicht mehr verarbeiten kann. Insbesondere durch die Technisierung und Modernisierung der heutigen Welt ist die akute und chronische *Reizüberflutung* ein aktuelles Thema. (Beispiel: blinkende und laute Großstadt). (Angelehnt an: http://www.gesundheit-und-wohlbefinden.net/psychische-ueberforderung-durch-reizueberflutung/)

Solange unser Gehirn also in der Lage ist, all diese unterschiedlichen Reize aufzunehmen und zu verarbeiten, scheint kein großes Problem zu entstehen. Selbst kurzfristige Reizüberflutungen lassen noch keine psychische Überforderung entstehen. Das Gehirn schafft es, die Eindrücke bis zur nächsten Erholungsphase zu verarbeiten.

Hingegen können langfristige Reizüberflutungen ein Problem darstellen. Durch die dauerhafte Überforderung von Sinnen und Gehirn wird der Körper in einen Stress-Zustand versetzt - der Sympathikus wird aktiviert. Das bedeutet, unser Körper schaltet auf „Aktiv-Modus". Bei langfristigen Reizüberflutungen ist der Körper des Menschen in einem Dauer-Stress-Zustand: Katecholamine werden ausgeschüttet und Kortison produziert. Folgen sind erhöhter Blutdruck, Muskelanspannung, Kopfschmerzen, Verdauungsprobleme. Doch das ist nicht das Einzige. Körper und Psyche sind eng miteinander verwoben, daher sind viele Menschen auch von psychischen Problemen betroffen.

Das Aktionspotenzial jeder Zelle im Körper ist auf Höchstleistung. Der Körper, insbesondere das Gehirn, ist irgendwann erschöpft, ähnlich einem Schlafentzug. Daher kann er Kompensationsmechanismen nicht mehr oder in nicht ausreichendem Maße anwenden - mit der Folge, dass psychische Auffälligkeiten durch die Überforderung vermehrt zutage treten: Kraftlosigkeit, Schlafstörung, Hemmungen, Realitätsverlust, Aggressivität. Auch psychische Erkrankungen mit all ihren Symptomen zeichnen sich in erhöhtem Maß bei chronischer Reizüberflutung ab.

(Angelehnt an: http://www.gesundheit-und-wohlbefinden.net/psychische-ueberforderung-durch-reizueberflutung/)

Wenn man sich dies bewusst macht, wundert es nicht, dass unser Körper RE-agiert!

Auch wenn selbst aus einer dauerhaften Reizüberflutung keine Störung erwachsen MUSS, kann sie doch auf Dauer den Körper schädigen, oder gerade Patienten, die an neurologischen Erkrankungen leiden, noch eins „oben drauf" setzen.

Wichtig ist also, sich seiner individuellen Reizüberflutung bewusst zu werden und wahrzunehmen, WAS GENAU uns überfordert und ob wir dies abstellen können. Das wäre die Ursachenbehebung, die allerdings nicht immer einfach ist, da wir nicht alle Reize, die uns begegnen, beeinflussen können.

Machen Sie sich notfalls eine Liste mit den störenden Reizen und einer Lösungsmöglichkeit. Sollte Sie seit Wochen Baustellenlärm in der unmittelbaren Nachbarschaft stören, werden Sie nicht umziehen wollen, aber Sie können sich bewusste Atempausen nehmen und gönnen. Beispielsweise durch Spaziergänge, Yoga oder Meditation. Sie können in dieser Zeit auch weitere Reize, wie Medienkonsum, meiden. So kann jeder für sich herausfinden, was störend und was umwandelbar ist.

Die wichtigste Regel bei psychischer Überforderung durch Reizüberflutung lautet: weniger ist mehr.

Ziehen Sie sich zurück, schauen Sie genau hin, was Ihnen gut tut und was nicht. Laute Musik, grelles Licht, Gerüche… Vieles kann man wirklich in besonders schlimmen Phasen meiden.

Reizüberflutung und MS

Reizüberflutung ist eine umgangssprachliche Metapher für einen angenommenen Zustand des Körpers,
in dem dieser durch die Sinne
so viele Reize gleichzeitig aufnimmt,
dass sie nicht mehr verarbeitet werden können
und beim Betroffenen zu einer
psychischen Überforderung führen.

Diese Überforderung des (menschlichen) Organismus
bzw. Nervensystems durch Sinneseindrücke
betrifft die Sinne (Hören, Sehen, Riechen, Schmecken und Tasten) einzeln,
in Kombination, für einen kurzen Zeitraum und auch langfristig.

MS-Betroffene reagieren dabei besonders stark.

Anhaltende Reizüberflutung kann
dauerhafte Konzentrationsschwierigkeiten und Vieles mehr bewirken.

Beispiele für mögliche Auslöser sind:

- *Gehör:* Lärm, mehrere gleichzeitige akustische Quellen (z. B. Gerede inmitten Menschenmasse)
- *Augen:* Vielzahl von Farben, blinkende Lichter, schnelle Bewegungen
- *Geruchs- und Geschmackssinn:* Reizüberflutung kann auch bei einem bunt gemischten Essen auftreten, das die Geschmacksrichtungen süß, sauer, bitter, salzig und umami zugleich enthält, so dass die Geschmacksrichtungen nicht mehr einzeln empfunden und zugeordnet werden können.

©2014 MULTIPLE-ARTS.com   (Quelle: Wikipedia.de)

Hier noch ein Auszug eines Artikels zu einer wissenschaftlichen Studie:

(http://www.scinexx.de/wissen-aktuell-4762-2006-05-22.html)

„Reizüberflutung: Nervenzellen legen „Veto" ein -
Gehirn schützt sich selbst vor dem „Überlaufen"

In den Nervenzellen der Hirnrinde werden sowohl Reize aus den Sinnesorganen als auch Erinnerungen verarbeitet. Berner Forscher haben nun herausgefunden, dass Nervenzellen auch als „Unterdrücker" von bestimmten Impulsen fungieren. Ohne diese hemmende Funktion, so die Wissenschaftler in der aktuellen Ausgabe der Fachzeitschrift „Neuron", wäre unser Gehirn von den dauernden Informationsströmen überfordert.

© Institut für Physiologie Bern

Die Hirnrinde besteht aus einer wenige Millimeter dünnen Schicht aus Nervenzellen und ist für die Verarbeitung von unzähligen Nervensignalen zuständig. Einerseits erhalten große Nervenzellen, die so genannten Pyramidenzellen, Signale aus den Sinnesorganen. Andererseits erhalten sie auch Informationen aus anderen Hirnarealen wie Erinnerungen, um die Sinnesinformationen richtig interpretieren und weiterleiten zu können.

*"So schlecht kann es ihr ja nicht gehen, wenn sie sooo viel macht!"

Diesen und ähnliche Sätze („Du siehst aus wie das blühende Leben!") kennen sicherlich viele chronisch Kranke. Mittlerweile kann ich (zum Glück) nur noch müde darüber lächeln – es mag sich keine Aufregung mehr einstellen und das ist auch gut so. Ich weiß noch, wie verletzend diese Sätze für mich waren, als ich um die Anerkennung meiner Erwerbsminderungsrente gekämpft habe. Mitten im Sturm bekommt man anschuldigend suggeriert, dass man ja „eigentlich" gar keine Verrentung bräuchte.

Wenn Außenstehende so etwas sagen, ist es die eine Sache, wenn es MS`ler sagen, womöglich noch vorwurfsvoll oder neidbesessen, dann ist es eine traurige Angelegenheit.

Wer steckt im Körper des Anderen? Wer kann sich 100%ig vorstellen, wie es dem Anderen geht???

Und wer sieht diese nach außen so starken Menschen in ihren schwachen Minuten? Zuhause, eingeigelt und traurig???

MS ist die Krankheit der 1000 Gesichter und in Gesprächen mit anderen MS`lern stellen wir immer wieder - manchmal gar selbst überrascht - fest, wie unterschiedlich die jeweiligen Symptome sind.

Manchmal könnte man meinen, es handele sich nicht um die gleiche Erkrankung. Der eine sieht von außen betrachtet „unversehrt" aus, kann gut laufen, der andere hinkt, der nächste sitzt im Rollstuhl. Eines vereint sie: ihre Erkrankung MS!

Und wir wissen ja eigentlich auch, dass derjenige, der im Rollstuhl sitzt, vielleicht am wenigsten von anderen Symptomen betroffen ist und umgekehrt. Alles ist möglich! Der Super-Gau ebenso wie das absolut positiv Überraschende.

Es ist wichtig, dass wir diese Unterschiedlichkeiten alle nach „Außen" kommunizieren – um Missverständnissen vorzubeugen, um über eine solche merkwürdige Krankheit aufzuklären und auch, um zu zeigen, was tatsächlich TROTZ dieser so unterschiedlichen Verläufe doch alles möglich ist.

Der „Rollstuhlfahrer" traut es sich vielleicht einfach und ohne große Bedenken zu, eine weite Anfahrt via Bahn zu unternehmen, während der äußerlich nicht sichtbar Gehandicapte eventuell schon allein bei dem Gedanken an eine Reise beinahe eine Fatigue mit allen Anzeichen/Symptomen bekommt. Niemand kann in den andern hineinschauen. Deshalb ist es so wichtig, den anderen „ganz natürlich und einfach anzunehmen" - in seiner Ganzheit, mit all seinen Schwächen und vor allem auch mit all seinen Stärken.

Kämpferherzen sind stark - sie leben ihren Alltag TROTZ sichtbarer und/oder unsichtbarer Symptome.

Mir fällt beispielsweise in meinen Ruhepausen, die mein geschwächter (nach außen unversehrter Körper) so dringend einfordert, das Schreiben sehr leicht, weil ich damit auch Vieles verarbeiten kann.... Für andere wäre das undenkbar, so wie es für mich nicht vorstellbar wäre, in solch einer Phase ein langes Telefonat zu führen. Das sind Beispiele, die aber zeigen, wie unterschiedlich jeder Mensch ist und wie viele, wirklich 1000 Gesichter die MS hat! ☺

Also ist mein Fazit: uns geht es manchmal gut oder sehr gut, manchmal schlecht und auch sehr schlecht, aber wir machen immer das Beste daraus - und geben damit ein Signal: Wenn wir wirklich unser Bestes geben, dann zeigen wir unserem eigenen ICH, dass wir es packen KÖNNEN und unseren Angehörigen, dass wir gewillt sind, es zu schaffen. Solche Signale sind wichtig und sie zeugen von Zuversicht, Optimismus und Lebensfreude – auch, wenn es andere nicht verstehen können.

Ja: „Soooo schlecht kann es mir gehen" und doch arbeite ich daran, diese Phase oder diesen Moment mehr als gut bewältigen und überwinden zu können.

Coping nennt man das. ☺

Das ist der Tanz durchs Leben; Hallo MS; Hallo Lebensfreude!

Frei übersetzt nach www.facebook.com/survivingchronicpain

Meinst DU, meine Beschwerden seien ein

SCHWINDEL ???

Glaubst Du wirklich, ich würde es mögen

1. zahllose schmerzhafte Prozeduren über mich ergehen lassen zu müssen?
2. die schrecklichen Nebenwirkungen meiner notwendigen Medikamente ertragen zu müssen?
3. Freunde zu verlieren?
4. unfähig zu sein, Dinge zu tun, die ich liebe?
5. meine Karriere auf's Spiel zu setzen oder meinen Job zu verlieren?
6. evtl. nicht mit meinen Kindern spielen zu können?
7. immer wieder bewertet und falsch beurteilt zu werden?

DENKE NOCH EINMAL NACH !!!

by MULTIPLE-ARTS.com

Angehörige

Die Erschöpfung in ihren unterschiedlichen Ausprägungen stellt nicht nur für den Fatigue'ler, sondern auch für alle Angehörigen eine große Herausforderung dar.

Dieses Büchlein soll mehr dem Verständnis, als der fachlichen Aufklärung dienen (dazu habe ich ja bereits ein Buch verfasst). Und es soll somit Betroffenen helfen, sich wiederfinden zu können, dadurch auch dieses schwere Symptom zu verstehen - und sich auch nicht mehr so alleine damit zu fühlen. Es soll aber ebenfalls für alle Angehörigen sein, die fassungslos mit ansehen müssen, wie wir leiden, wenn wieder einmal diese schreckliche Fatigue Besitz von uns ergreift. Angehörige sind in diesen Momenten oft völlig hilf- und ratlos und wissen einfach nicht, was uns da gerade Schreckliches widerfährt. Um begreifen zu können, wie wir uns in solchen Momenten FÜHLEN und was solch eine Dauer-Fatigue, sowie auch die Attacken, mit sich bringen - dafür sind ebenfalls meine Texte und das Büchlein gedacht.

Viele Betroffene schreiben mir, dass sie sich verstanden fühlen und ihren lieben Angehörigen nun erklären können, wie elend sie sich manchmal fühlen.

Aber nicht nur ein Buch hilft hier, sondern es ist dringend notwendig, dass sich der Fatigue`ler und seine engen Angehörigen (dazu zählen Familie, Freunde, Kollegen und eventuell auch Nachbarn usw.) im Gespräch austauschen – und zwar klar und deutlich. Denn ein Angehöriger kann weder zaubern, noch Gedanken lesen. Er muss die CHANCE bekommen zu verstehen, was vor sich geht und was der individuelle Fatigue'ler in diesen schwachen Momenten BRAUCHT. (Auch das ist bei jedem anders). Manche brauchen VÖLLIGE Ruhe, andere wollen in den Arm genommen werden, wieder andere brauchen Hilfe in Form von Bewältigung des Toilettengangs usw.!

Dass man mitten im Fatigue-Anfall nicht fähig ist sich zu erklären, versteht sich von selbst.

Aber man kann „Prävention" betreiben und seinen nahestehenden Personen im Vorfeld erklären, was es mit der Fatigue auf sich hat. Dann wissen sie im Akut-Fall Bescheid.

Beispielsweis könnte man auch gewisse Zeichen vereinbaren (z.B. eine winzige Handbewegung, oder das Wort „Fatigue", damit der Angehörige sofort signalisiert bekommt, das es wieder „soweit" ist).

Es ist so schwierig zu erklären, was genau Fatigue ist und wie sie sich anfühlt.

Und es ist schlimm für uns, wenn wir sagen, dass wir sehr müde sind und dann zu hören bekommen: „Ja, das bin ich auch immer!" Denn die normale Müdigkeit, wie sie jeder kennt, ist etwas ganz anderes und nicht mit dem komatösen Gefühl der Fatigue zu vergleichen, die außerdem noch alle möglichen MS-Symptome als Begleitung mit sich bringt. Wenn sie da ist, kann man sie nicht einfach wegschieben, denn sie ist willentlich NICHT beeinflussbar - sie ist unerbittlich!!! Außerdem äußert sich diese Art von Müdigkeit wirklich noch dazu mit Übelkeit, Schwindel und vielen bekannten MS-Symptomen.

ZUSÄTZLICH! Lähmend also – auf vielen Ebenen.

Oft muss auf Grund der enormen Auswirkungen der Fatigue gar die Partnerschaft / Beziehung neu definiert werden. Und manchmal werden sogar alle sozialen Strukturen erneut auf den Prüfstand gestellt. Freunde bewähren sich beispielsweise ohne Probleme, oder sie ziehen sich auf Grund einer Überforderung mit dieser neuen Situation zurück. Das wird natürlich von den Betroffenen selbst oft als eine Enttäuschung erlebt. Aber es scheint so zu sein, dass in den Phasen der „allmählichen Anpassung" und somit auch „Erprobung" manchmal (notwendige) Veränderungen im persönlichen und sozialen Leben stattfinden.

Aber auch im Leben von Gesunden sind Enttäuschungen und Rückschläge möglich. Umso wichtiger erscheint es für den Umgang miteinander, dass man wirklich offen über die Einschränkungen durch die Erschöpfung spricht. Gemeinsam kann man Belastungen besser bewältigen.

Wenn man es durch eigene Kraft nicht schafft, sollte man sich niemals scheuen, professionelle Hilfe in Anspruch zu nehmen.

„In einer Gesellschaft, in der Leistungsfähigkeit, Vitalität und Aktivität groß geschrieben werden, fühlen sich Betroffene mit dieser Behinderung rasch einmal ausgeschlossen oder ins Abseits gedrängt. Oftmals bestrafen sie sich zusätzlich mit Selbstvorwürfen und überfordern sich, weil sie selber nicht verstehen, warum sie nicht so funktionieren, wie sie es gerne möchten oder es andere von ihnen erwarten. Wird ein Nichtkönnen von anderen als ein Nichtwollen aufgefasst, laufen MS-Betroffene Gefahr, als Simulanten dazustehen, die sich nicht zusammenreißen. Aufklärung tut deshalb Not und hilft, Missverständnissen und Vorwürfen vorzubeugen.

Die Aufklärungsarbeit ist allerdings nicht einfach. Eine eindeutige klinische Definition existiert nämlich bis jetzt nicht. Im Zusammenhang mit Fatigue werden eine Reihe schwer definierbarer Phänomene genannt, wie „Schläfrigkeit", „Erschöpfung", „Abgeschlagenheit", „vorzeitige oder abnorme Ermüdbarkeit", „Energiemangel", „Schwäche", „verminderte Belastbarkeit" oder „Mattigkeit". Fatigue zeigt sich demnach in allen Bereichen des menschlichen Erlebens, auf der physischen, der mentalen und der emotionalen Ebene."
(http://www.amsel.de/multiple-sklerose-news/amsel-aktuell/Muedigkeit-bei-Multipler-Sklerose--Die-unsichtbare-Begleiterin_780)

Es ist wichtig, dass sich Betroffene ein Bild über die Zusammenhänge und die Behandlungsmöglichkeiten der eigenen Fatigue machen und dieses Wissen auch an das private und berufliche Umfeld weitergeben. Bei Berufstätigen muss oftmals eine Veränderung des Arbeitspensums anstehen.

Eine Fatigue kann sich abhängig von den erworbenen Bewältigungsstrategien, sowie der Unterstützung, die der Fatigue`ler aus dem Umfeld erhält, jeweils anders auswirken.

Leider ist es wirklich so, dass ein MS`ler, der schwere Fatigue hat, IMMER erschöpft ist. Das ist ein IST-Zustand, der sich in der Regel auch nicht mehr verändert.

Dauerhaft so müde zu sein, wie wenn man 3 Tage und Nächte am Stück (!) durchgearbeitet hätte (unter bestimmten Voraussetzungen ist dies tatsächlich so!!!), kann auf Dauer mürbe machen und doch schaffen wir es! Irgendwie. Manchmal gut, manchmal weniger gut, aber wir kämpfen uns durch unseren Alltag hindurch, wir geben unser Bestes!

Wenn dann noch die aufgesetzten Fatigue-Attacken hinzukommen, kann man vielleicht mit diesem Beispiel des völligen Überarbeitetseins verstehen, wie sich ein Fatigue`ler tagtäglich fühlt und wie entkräftend und auch entnervend diese zusätzliche Attacke ist. Sie raubt uns tatsächlich den letzten Nerv und das letzte bisschen Energie, das wir noch in uns haben.

Dass hierbei dann auch die Emotionen verrücktspielen, ist ebenfalls kein Wunder.

Viele Fatigue`ler schämen sich, dass sie nicht mehr so leistungsfähig wie ein gleichaltriger Gesunder, wie ihr Partner oder Freund sind. Es ist ihnen unangenehm und peinlich. Es gehört ein gutes Selbstwertgefühl dazu, sich hierbei nicht selbst abzuwerten, sondern sich anzunehmen, wie man ist. Das wiederum bedarf vieler Übung und dem unermüdlich Zuspruch der Angehörigen. Vor allem müssen die Betroffenen spüren, wirklich tief verwurzelt spüren, dass der Angehörige ihnen glaubt, den Zustand entsprechend ernst nimmt und weder das Symptom noch den Betroffenen **bewertet**. Dieses **WERTFREIE Miteinander** ist Heilung der besonderen Art und so nötig für die gepeinigte Fatigue-Seele.

Gleichzeitig muss sich der Betroffene aber auch Gedanken um den Umgang mit diesen Symptomen in Bezug auf seine Angehörigen machen, denn man darf sie und ihre Geduld, oder auch ihr Vertrauen, nicht missbrauchen oder überstrapazieren. Eine Gratwanderung für alle Beteiligten, deren Ausüben sich aber lohnt - ebenfalls für alle Beteiligten. Wenn man sich 100%ig aufeinander verlassen kann, ist das die beste und schönste Basis für ein liebevolles, vertrauensvolles und wunderbares MITEINANDER.

Wir Betroffenen müssen uns - ebenso wertfrei - auch immer im Klaren darüber sein, dass unsere Angehörigen unsere Krankheit ebenfalls mittragen. Sie sind ebenso betroffen, denn UNS gibt es nicht ohne diese Krankheit. Deshalb ist eine gute Kommunikation so wichtig und man darf auch gerne einmal aussprechen, dass man dankbar für dies oder jenes ist. Darüber freut sich jeder – ob mit oder ohne MS. ☺

Zu einer vertrauensvollen Basis gehört auch, dass man sich auf das, was der andere sagt, „blind" verlassen kann. Das heißt, der Angehörige muss sicher wissen, dass der Betroffene ihm die Wahrheit sagt – denn dann kann er bestmöglich versuchen, sich darauf einzustellen. Ständiges Jammern erhöht hierbei beispielsweise die Unsicherheit herauszufinden, wie es dem Betroffenen gerade tatsächlich geht.

Umgekehrt ist es für den Betroffenen fast existenziell zu wissen, dass er sich im „Notfall" blind und vor allem ohne große Erklärungen auf seinen Angehörigen verlassen kann.

Mir ist das unter anderem bei einer Shopping-Tour mit meiner Tochter klar geworden: sie muss sich darauf verlassen können, dass ich sowohl um Hilfe bitte, wenn ich sie brauche, als mir auch meine Pausen nehme, damit wir den Nachmittag möglichst ungetrübt gemeinsam schaffen.

Umgekehrt muss ich darauf vertrauen können, dass ich, wenn mich eine plötzliche Fatigue-Attacke oder schwammige Beine überfallen, nicht viel erklären muss, sondern wir zusammen sofort einen Platz zum Ausruhen suchen... Wir haben mittlerweile eine wundervolle Ebene geschaffen, nonverbal zu kommunizieren und sicherlich hat sie auch feine Antennen. ☺ So etwas spielt sich im Laufe der Zeit meist ein – aber dieses Beispiel zeigt einfach, wie sehr ein funktionierendes Miteinander notwendig ist um beiden Beteiligten einen möglichst unbeschwerten Alltag zu ermöglichen.

Miteinander reden, Signale und Zeichen vereinbaren und einen „Notfallplan" für den „Fall der Fälle" zu erstellen, können hilfreiche erste Schritte sein. Ehrlichkeit, auch sich selbst gegenüber, gehört ebenso dazu. Schuldzuweisungen dagegen helfen niemandem.

WERTFREIHEIT ist das „Zauberwort" – denn nur so kann man gemeinsam stark sein. ☺

„Fatigue und Beruf"

Je nach Ausprägung der Erschöpfung kann es sein, dass Fatigue'ler nicht nur in ihrer allgemeinen Lebensqualität, sondern auch in ihrer „Arbeitsfähigkeit" gemindert sind. Denn neben der verminderten körperlichen Leistungsfähigkeit wirken sich vor allem auch die Folgeprobleme im mentalen Bereich auf die berufliche Leistungsfähigkeit aus. Im Vordergrund stehen dabei die Verminderung der Konzentrationsfähigkeit sowie der Merk- oder allgemeinen Denkfähigkeit. Sprechen Sie daher auch mit Ihrem Arbeitgeber die Probleme offen an und klären Sie gegebenenfalls die Möglichkeiten der Verringerung der wöchentlichen Arbeitszeit oder einer innerbetrieblichen Versetzung ab, wenn Sie schwer unter Fatigue leiden.

Wichtig dabei ist der Grundsatz:

Lassen Sie sich Zeit, und achten Sie auf die Signale Ihres Körpers!"

(Angelehnt an: http://www.deutsche-fatigue-gesellschaft.de)

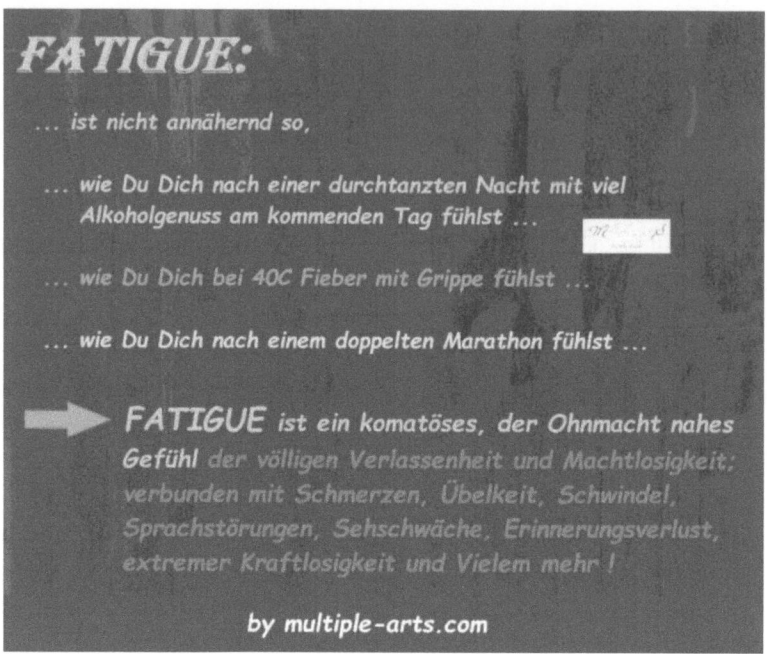

Und hier nochmal die Erinnerung, was es dem Betroffenen so schwer macht, sich zu arrangieren:

✓ Dass man aufgrund der Fatigue in vielen Lebensbereichen nicht mehr so handeln kann, wie man es gerne möchte oder wie man es gewohnt war, ist die große Herausforderung bei diesem unsichtbaren Symptom. Das verlangt Anpassung, Planung und vor allem viel Verständnis.

Daran sieht man, welch schweres Unterfangen es ist, hilfreich und verständnisvoll zu handeln und dabei als Angehöriger aber auch nicht seine eigenen (!) Bedürfnisse aus den Augen zu verlieren.

Eine GUTE Kommunikation ist hier nicht nur hilfreich, sondern dringend notwendig. Man kann Regeln aufstellen und Absprachen treffen. Wenn man sich darauf verlassen kann, dass sie eingehalten werden, kann eine vertrauensvolle Basis geschaffen werden. Davon haben alle Beteiligten etwas, denn so kann man auch zu hohe gegenseitige Erwartungen und vorprogrammierte Missverständnisse aus dem Weg räumen und ein ECHTES Miteinander schaffen.

Fatigue-Grafiken

Die kommenden Seiten werden gefüllt sein mit Grafiken mit Infos zur Fatigue, mit Worten zum Schmunzeln oder Nachdenken.
Viele Spaß dabei! ☺

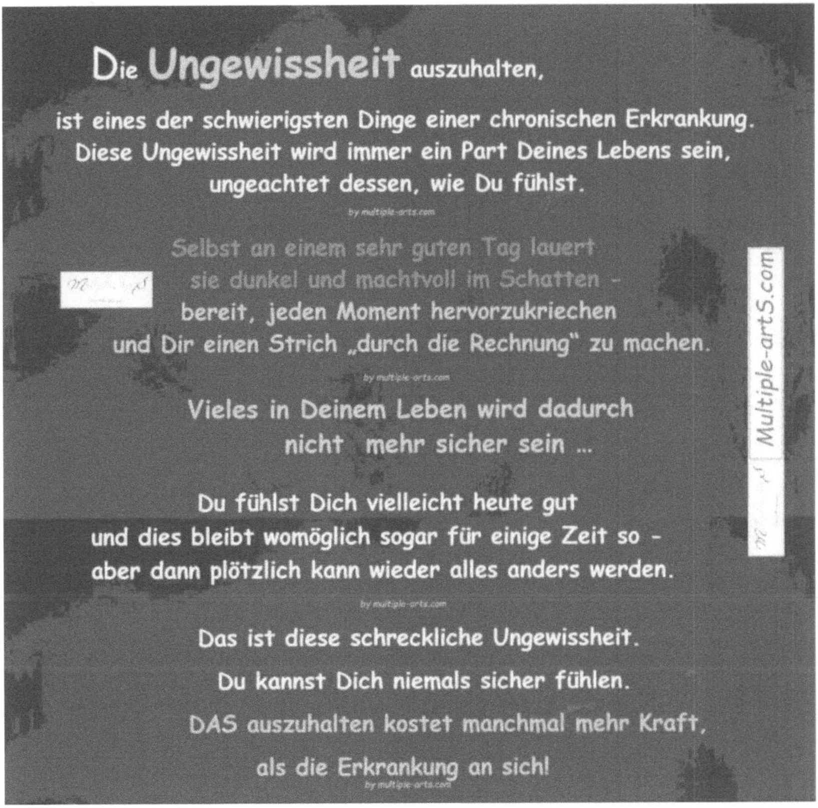

Die Ungewissheit auszuhalten,
ist eines der schwierigsten Dinge einer chronischen Erkrankung.
Diese Ungewissheit wird immer ein Part Deines Lebens sein,
ungeachtet dessen, wie Du fühlst.

by multiple-arts.com

Selbst an einem sehr guten Tag lauert
sie dunkel und machtvoll im Schatten -
bereit, jeden Moment hervorzukriechen
und Dir einen Strich „durch die Rechnung" zu machen.

by multiple-arts.com

Vieles in Deinem Leben wird dadurch
nicht mehr sicher sein ...

Du fühlst Dich vielleicht heute gut
und dies bleibt womöglich sogar für einige Zeit so -
aber dann plötzlich kann wieder alles anders werden.

by multiple-arts.com

Das ist diese schreckliche Ungewissheit.
Du kannst Dich niemals sicher fühlen.
DAS auszuhalten kostet manchmal mehr Kraft,
als die Erkrankung an sich!

by multiple-arts.com

Wenn es ...
mir **KRAFT RAUBT**....

einkaufen zu gehen ...

Dann weiß ich:
HEUTE ist ein schlechter MS-Tag!

©2014MULTIPLE-ARTS.com

Wenn wir uns ausruhen
und auch evtl. einmal
einen ganzen Tag liegen
müssen, ist es wichtig,
uns immer wieder zu sagen, dass wir
nicht etwa einen "Tag vergeuden",
sondern dass es eine dringende
Notwendigeit für uns ist + dass wir
dies **BRAUCHEN**, um wieder
aufstehen zu **können!!!**

©2014MULTIPLE-ARTS.com

Das Leben geht weiter ...

Sogar mit einer chronischen Erkrankung!

Es wird zwar zu einem Teufelskreis und dem „Da musst Du halt durch!", aber eines Tages schaust Du durch all den Nebel der Ungewissheit, der Schmerzen und Entbehrungen mit erhobenem Haupt auf –

auch wenn Du realisierst, dass Du noch nichts von den großen Dingen in Angriff nehmen konntest, die Du vorhattest.

Aber, das ist ok –
gebe Dich nicht geschlagen,
denn Dein Leben ist trotzdem schön und wertvoll!

Auch selbst dann, wenn es nicht das Leben ist, das Du wolltest; selbst wenn es mit Fatigue und vielen Beeinträchtigungen verbunden ist –

Es ist DEIN Leben -
Du lebst es nun angepasst und trotzdem lebendig.

©2015 multiple-arts.com

DU sagst: „Du siehst nicht krank aus"!

Ich sage: "Aber bitte – laufe einen Tag in meinen Schuhen!"

Und: "Ich habe es mir nicht ausgesucht…!"

**Diese Krankheit, die Du nicht sehen kannst,
raubt mir manchmal die letzten Kräfte!**

Ich bin nur noch die Hälfte meines vorherigen „Selbst" –
denn ich habe Zeiten, in denen ich weder laufen, geschweige denn rennen kann,
in denen ich so erschöpft bin und so starke Schmerzen erleide, dass es eine Qual ist.

Aufzustehen kann in einer solchen Phase schon Höchstleistung sein.

Mein Gehirn ist zeitweise wie im „NEBEL", ich kann mich dann schlecht
konzentrieren, vergesse viel und bin durcheinander.

Meine Beine sind oft schwer und taub, wie wenn viel BLEI an ihnen hängen würde…

Mein ganzer Körper ist oft sehr kraftlos.

Ich bin oft abgrundtief erschöpft – anders, völlig anders, als DU es kennst –
einer Ohnmacht nahe und unfähig, nur die kleinsten Dinge zu leisten.
(= Fatigue)

Ich bin sooo müde und doch kann ich oft nicht schlafen – ein Horror- Szenario ☺

Einfach scheinende Dinge wie Staub saugen oder Haare föhnen
gleichen einem Kraftakt, wie wenn Du gleichzeitig 3 Häuser putzen würdest.

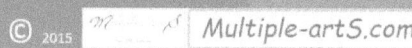

Und danach bin ich wieder erschöpft -
meine Beine und Arme wiegen Tonnen und ich bekomme Spastiken und Schmerzen…

Das ist mein Alltag – und doch liebe ich mein Leben!

*Aber bitte urteile nicht über mich, bevor Dir nicht all dies bewusst ist
und glaube mir, wenn ich Dir sage, dass es mir gerade nicht gut geht -*
auch wenn ich aussehe, wie das „blühende Leben" –
ich habe eine chronische Krankheit, die alles von mir fordert
und ich gebe immer mein Bestes!!

© 2015   *Multiple-artS.com*

Du meinst, ich würde simulieren ?

Es muss Dich verwirren,
denn was ich gerade tue, ist tatsächlich
Simulation: ich simuliere,
          dass es mir GUT geht ...

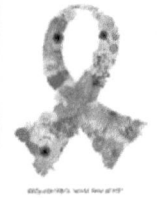

Ich rede nicht ständig über meine Symptome
  und ich möchte auch nicht immer darüber reden,
        wenn es mir gerade schlecht geht...
  Und ich mache sehr oft ein "glückliches" Gesicht,
  weil es manchmal einfacher ist, vorzutäuschen, dass es mir gut geht...

Aber hey: jeder Idiot kann vortäuschen krank zu sein.

Aber es braucht ein RIESIGES Talent,
   vorzugeben FIT zu sein,
        wenn Du gerade durch die Hölle gehst...

©2014 MULTIPLE-ARTS.com

Die meisten Menschen müssen morgens beim Aufwachen nicht dankbar sein,
dass ihre Hände, Gelenke, Füße, Beine und Augen OK sind...

Das ist etwas, über das wir nie nachdenken, bis es uns erwischt ...

... bis wir wissen, wie es auch anders aussehen kann und wir wirklich dankbar sind wenn wir unseren Körper schmerzfrei und mit nur wenig Beeinträchtigungen benutzen können ...

Multiple-artS.com

Manchmal ist es egal,
ob ich einen positiven
oder auch negativen Tag hatte:

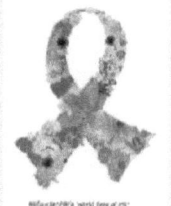

Wenn er anstrengend oder emotional war,
kann es sein,
dass der kommende Tag schwer wird:

Planen

Energie-Management

<u>Schmerzen, Fatigue und/oder Reizüberflutung...</u>

©2014 MULTIPLE-ARTS.com

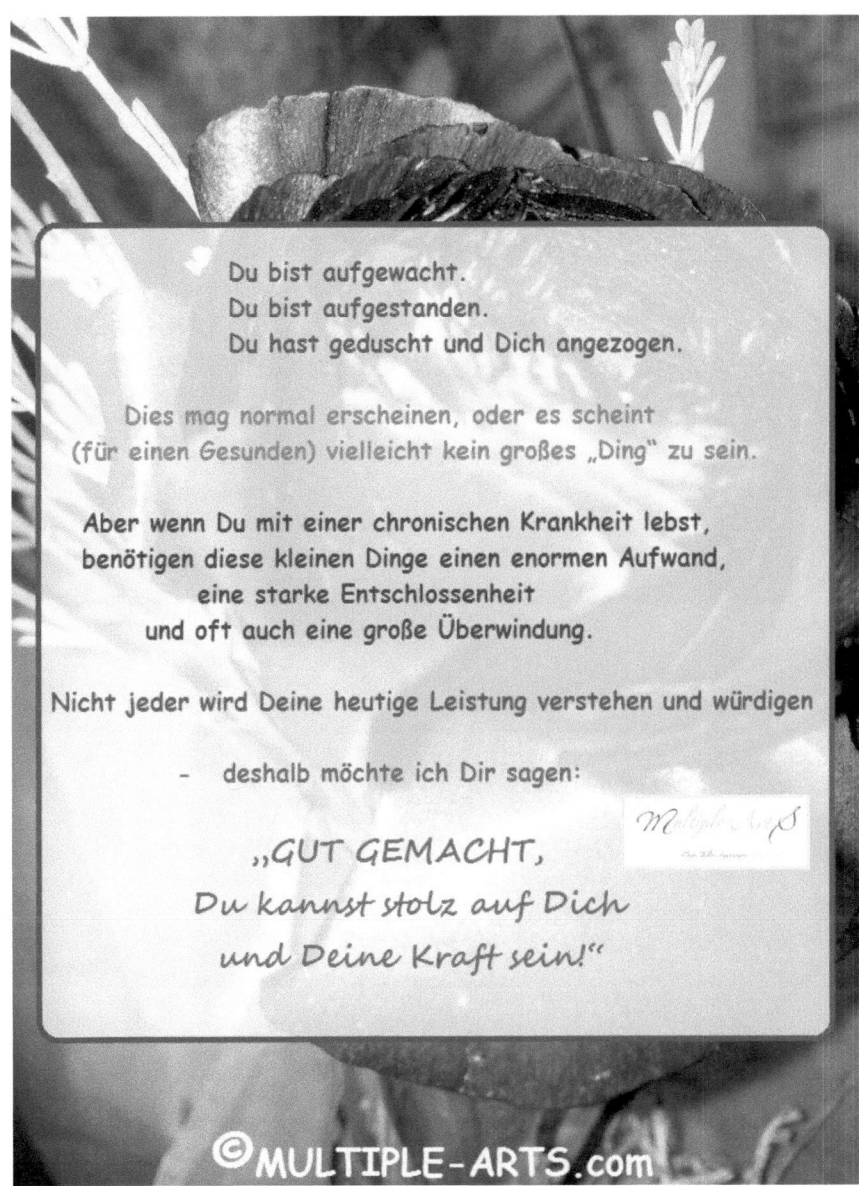

Du bist aufgewacht.
Du bist aufgestanden.
Du hast geduscht und Dich angezogen.

Dies mag normal erscheinen, oder es scheint
(für einen Gesunden) vielleicht kein großes „Ding" zu sein.

Aber wenn Du mit einer chronischen Krankheit lebst,
benötigen diese kleinen Dinge einen enormen Aufwand,
eine starke Entschlossenheit
und oft auch eine große Überwindung.

Nicht jeder wird Deine heutige Leistung verstehen und würdigen

- deshalb möchte ich Dir sagen:

„GUT GEMACHT,
Du kannst stolz auf Dich
und Deine Kraft sein!"

©MULTIPLE-ARTS.com

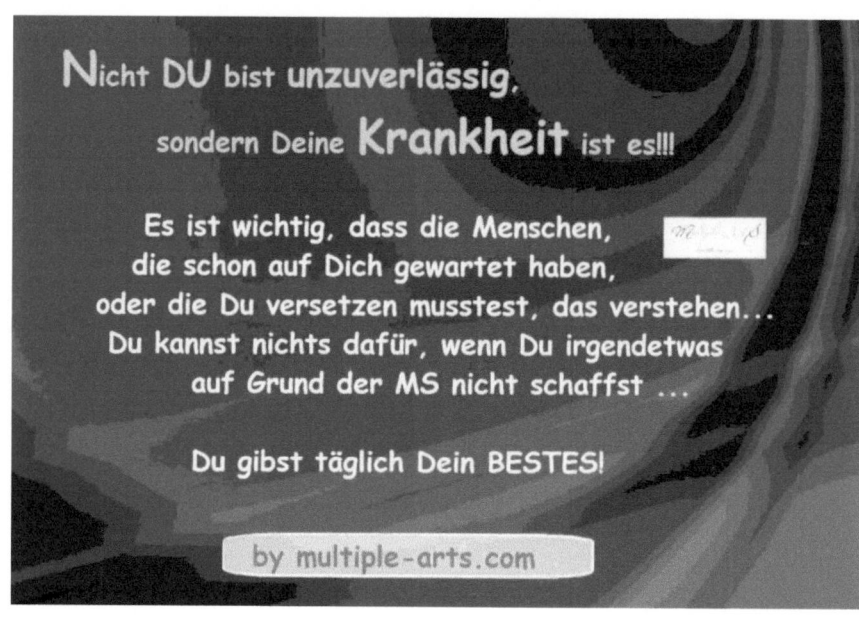

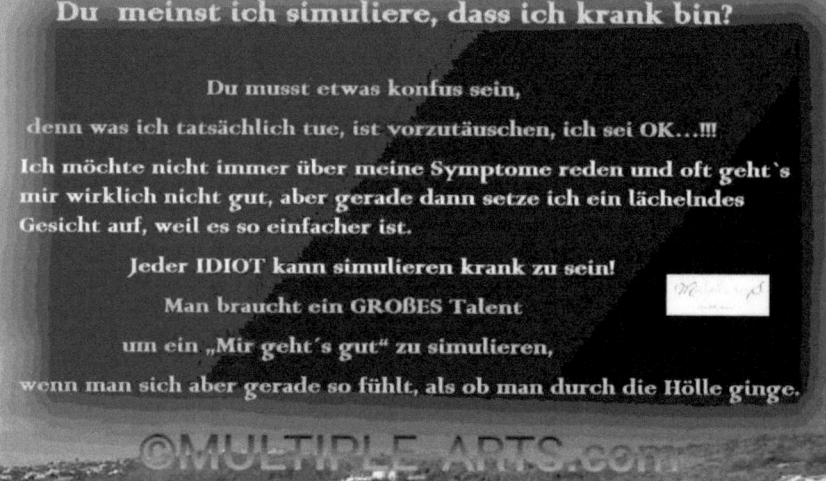

Es ist FRUSTRIEREND, dass es so schwer ist, den Leuten zu erklären, wie es sich **wirklich anfühlt** eine chronische Erkrankung zu haben.

by MULTIPLE-ARTS.com

Es ist sehr schwierig jemandem, der einfach keine Ahnung hat und es sich auch scheinbar nicht vorstellen kann ....

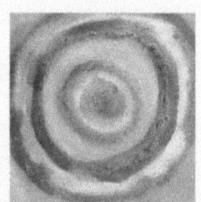

zu erklären, wie es ist,
- mit Schmerzen einzuschlafen und wieder aufzuwachen,

- ständig völlig und abgrundtief erschöpft zu sein, während Du nach außen hin lächelst ...

... und Vieles mehr ...

➡ *aber das ist unser Alltag!*

©2014 MULTIPLE-ARTS.com

Es war einmal …
… vor langer Zeit….

Da war ich genauso fit wie Du …
Gesund, aktiv und arbeiten gehend …
Ein freies Leben lebend …

Dann plötzlich schlich sich diese Krankheit ein
und veränderte Vieles.
Vor allem veränderte sie viele schöne Dinge,
die ich kannte und liebgewonnen hatte …
Ja, ich war einmal wie Du …

Ich konnte mir damals auch nicht vorstellen,
dass mir einmal so etwas Grässliches widerfahren würde …

Aber die MS „widerfuhr" mir –
sie hielt Einzug in meinen Körper und in mein Leben.

Und: es könnte DIR auch passieren …
Bitte denke immer daran, wenn Dich meine Erkrankung nervt …

by multiple-arts.com

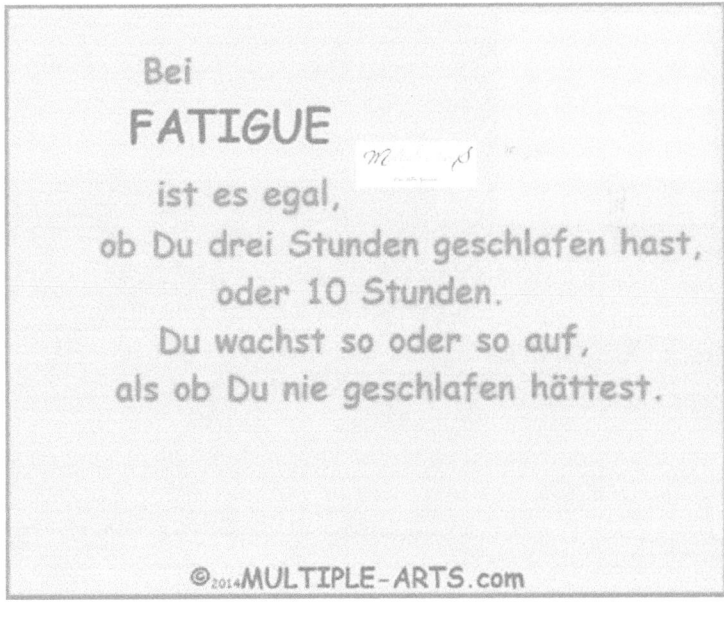

Die Batterie ist leer ...

Nichts geht mehr...

UHTHOFF und Fatigue

sind KEINE Einbildung,
sondern ein ernstzunehmendes
Symptom bei MS und HITZE!

by multiple-arts.com
Bildquelle:unbekannt

FATIGUE

... wie vom LASTER  überrollt

by MULTIPLE-ARTS.com

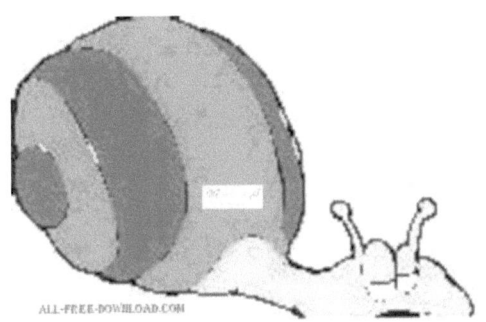

FATIGUE ...

Keine Einbildung: ein FAKT !!!

Multiple-artS.com

Wenn Du eine chronische Erkrankung hast, ist oft Deine einzige Erleichterung SCHLAF.

SCHLAF und MS ☹

Wenn wir schlafen, fühlen wir uns nicht traurig.
Wenn wir schlafen, fühlen wir uns nicht schuldig.
Wenn wir schlafen, haben wir keine Ängste.
Wenn wir schlafen, haben wir keine Sorgen.
Wenn wir schlafen, fühlen wir uns nicht frustriert.
Wenn wir schlafen, fühlen wir uns nicht so alleine.
Wenn wir schlafen, spüren wir unsere Schmerzen nicht so sehr.
Wenn wir schlafen, merken wir unsere Beeinträchtigungen nicht.

Das PROBLEM dabei ist allerdings:

Wir finden oft KEINEN Schlaf!

©2014 MULTIPLE-ARTS.com

Kleinanzeigen:

FINDERLOHN!!!
Suche meine ENERGIE!

Sie ist mir unbemerkt entkommen. Selten findet sie den Heimweg, aber in letzter Zeit ist sie völlig verschwunden. Ich hatte mich so an sie gewöhnt! Bitte helfen Sie mir, sie wieder zu finden. Mein Leben ist deutlich weniger fröhlich ohne sie.

Finderlohn gibt es garantiert!

by MULTIPLE-ARTS.com

... eine tickende ZEIT-Bombe ...

Man weiß nie,
was MORGEN ist...

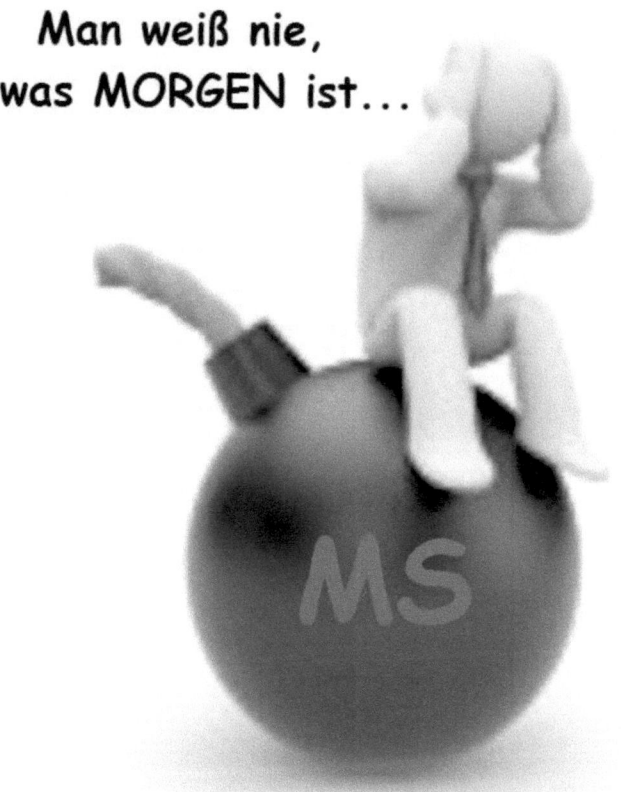

by MULTIPLE-ARTS.com

Es ist so wichtig, Menschen mit einer chronischen Krankheit
Verständnis entgegen zu bringen
und sie so anzunehmen, wie sie sind.
Es ist mehr als „Erschöpfung" –
körperlich, geistig und emotional, die sie erleiden.
Es ist mehr als eine körperliche Behinderung…
Es ist der gesamte Mensch, die komplette Person in ihrer Ganzheit.
Werde nicht „sauer" auf sie,
wenn sie nicht so funktionieren können, wie Du es erwartest.
Denn es ist nicht ihr Fehler und sie werden sich vor allem
selbst schlecht dabei fühlen.
Und nicht nur schlecht, sondern womöglich auch minderwertig.
Auf jeden Fall sind sie selbst traurig, enttäuscht oder wütend.
Sie würden nämlich auch gerne
ihren EIGENEN Erwartungen entsprechen können….
Niemand sucht sich ein Leben mit einer chronischen Erkrankung,
die Schmerzen und viele körperliche
und somit oft auch seelische Beeinträchtigungen beinhaltet,
selbst aus… NIEMAND!

Sei bitte geduldig…

Multiple-artS.com

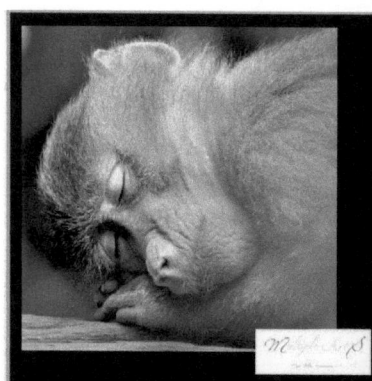

FATIGUE

Kein Schlaf der Welt
kann Fatigue beseitigen!
Und doch sind wir
IMMER müde und
bis auf die Kochen
erschöpft!

by MULTIPLE-ARTS.com

Ist es nicht erstaunlich,
wie viele Menschen meinen,
MS genau zu kennen und
Dich immer wieder
"aufklären" wollen und Dir
noch dazu UNGEFRAGT
"gute Rat-SCHLÄGE"
um die Ohren hauen?

©2014 MULTIPLE-ARTS.com

ICH BIN SOOO MÜÜÜÜDE, MÜDE DASS MEINE MÜDIGKEIT SCHON MÜDE IST !!!

Ich bin stärker als meine MS!

Ich bin nicht meine Krankheit!
Ich werde es überstehen!
Ich lasse mich nicht unterkriegen!
**Ich werde mich selbst
immer wieder aufbauen
und aus jedem Kampf
stärker hervor gehen!**

Beobachte mich - Du wirst staunen!

©MULTIPLE-ARTS.com

**FATIGUE
ist
absolut
NICHT
überwindbar !!!**

by multiple-arts.com

Und zum Abschluss noch ein wundervolles Zitat:

*Wenn Deine Beine müde sind,
dann laufe mit dem Herzen.*
-Paulo Coelho-

Schlusswort

Liebe Leser,

ich habe in diesem Büchlein viele Gedanken zusammengefasst und auch einiges Emotionales mit hineingebracht. Aber Fatigue ohne Emotionen zu beschreiben, scheint mir zu wenig – viel zu wenig! Es erscheint mir dünn und nicht im Mindesten angemessen an diesen schauerlichen Zustand der Fatigue.

Wenn man wissenschaftliche Texte über Fatigue liest, stolpert man unwillkürlich über dieses Wort: *subjektives Empfinden*. Beispiel: „Bei Fatigue handelt es sich um einen *subjektiv wahrgenommenen* Mangel an körperlicher und mentaler Energie". Mich hat es anfangs wütend gemacht, wenn ich so etwas gelesen habe, da es mir suggeriert, dass es mein „subjektives Empfinden" sei, dass ich Fatigue „habe". Ich „stolpere" auch heute noch über diese Art Sätze, da ich einfach genau *weiß*, was Fatigue ist – da ich sie täglich spüre, erlebe und vor allem aushalten muss. Die große Schwierigkeit ist heutzutage leider aber immer noch, dass Fatigue schlecht *objektiv* messbar ist und so kommt auch dieser Satz zustande. Wer Fatigue kennt, der braucht aber kaum eine objektive Messung – es sei denn, man ist (wie es mir ja auch erging) von dem Bericht eines Gutachters für beispielsweise die Erwerbsminderungsrente abhängig. DANN nämlich kann es ein großer Nachteil sein, dass Fatigue nicht objektiv messbar ist.

Ich hoffe, ich konnte Ihnen als Betroffene/r und Ihnen als Angehörige/r die Fatigue mit all ihrem Ausmaß, aber auch mit ihrer Chance etwas näher bringen und wünsche Ihnen, dass Sie für sich ein gutes Energie-Management gefunden haben und die Fatigue ab und zu mal aussperren können und als Angehörige die Fatigue nun besser verstehen! ☺

Herzliche Grüße und alles Gute,
Heike Führ

Zum Schluss noch ein wertvoller Hinweis

Besucht mich gerne auch auf

Facebook: MULTIPLE ARTS
(https://www.facebook.com/multiple.sklerose.ms/?fref=ts)

Instagram: multiple_arts
(https://www.instagram.com/multiple__arts/)

Google+ (Heike Führ Bloggerin & Autorin)
(https://plus.google.com/110168474185644893256)

YouTube: Heike Führ Bloggerin & Autorin
(https://www.youtube.com/channel/UCsP0vW_jE6w9j-urgmr6VOw)

Twitter (multiple_arts)
(https://mobile.twitter.com/multiple_arts)

Ein großes und ganz besonderes DANKE geht an alle, die mir glauben, wenn ich von meinen Symptomen berichte, die mich unterstützen und mir helfen, sowie an mich als Person glauben!
Ihr seid unbezahlbar! ☺

LINKS

http://www.multiple-arts.com
http://www.dmsg.de
https://www.amsel.de
http://www.netdoktor.de/krankheiten/fatigue-syndrom/
http://www.apotheken-umschau.de/Chronisches-Fatigue-Syndrom
http://www.deutsche-fatigue-gesellschaft.de/oeffentlich/040200_fatigue.html
http://www.nathalie-todenhoefer-stiftung.de
https://www.curendo.de
https://www.pixabay.com

BÜCHER der Autorin

FATIGUE und UHTHOFF-Phänomen:

MS (Multiple Sklerose) ist die Krankheit mit den 1000 Gesichtern. Autorin Heike Führ hat bereits 5 MS-Begleitbücher geschrieben und widmet sich hier jenen zwei UNSICHTBAREN Symptomen der MS, die sie aus eigener Erfahrung sehr gut kennt. Denn gerade die unsichtbaren Symptome schränken das Leben eines MS`lers ein, da sie man ihnen oft nicht glaubt. Die Fatigue und das Uhthoff-Phänomen belasten den MS- Alltag teilweise so allumgreifend und zerstörerisch, dass viele Betroffene bereits früh die Erwerbsminderungsrente erhalten und ihr Leben nach diesen beiden Symptomen ausrichten müssen. Mit wichtigen fachlichen Infos und ihren Geschichten beschreibt die Autorin diese beiden Symptome – einmal sachlich, dann wieder emotional und humorvoll. MS`ler werden sich in den Texten wiederfinden und Angehörige können endlich diese schrecklichen Symptome verstehen. www.multiple-arts.com

ISBN-10: 3955550672, Euro: 8,90.-

30% des Kaufpreises gehen direkt an BAER / DMSG NRW Zu Gunsten Kindern mit MS.

Zu beziehen über Esch-Verlag / www.lesend-helfen.de

HALLO MS
Broschiert: 243 Seiten
Verlag: A.S. Rosengarten-Verlag (30. April 2014)
ISBN-10: 3945015073

Fachbegriffe bei MS
Taschenbuch: 88 Seiten
Verlag: A.S. Rosengarten-Verlag; Auflage: 1. (3. April 2015)
ISBN-10: 3945015162

UNSICHTBARE Symptome
Taschenbuch: 84 Seiten
Verlag: Books on Demand; Auflage: 1 (22. Januar 2015)
ISBN-10: 3734755646

SEXUALITÄT – Tipps für chronisch Kranke
Taschenbuch: 68 Seiten
Verlag: Books on Demand; Auflage: 1 (24. September 2014)
ISBN-10: 3735793991

Smiley bellt HALLO MS
52 z.T. farbige Seiten
ISBN 978-3-7347-6730-2
€ 5,50 **(DER ERLÖS aus diesem Kinderbuch geht direkt und vollkommen an den Tierschutz-Verein Santorini e.V.)**

„Die Reise zum Glück"
204 z.T. farbige Seiten
Verlag: BoD
ISBN: 9-783739-200897

Hoffnung - vom Pessimisten zum Optimisten
148 Seiten
ISBN 978-3-7431-0181-4

„Alltags-Tipps bei Multiple Sklerose"
Verlag: BoD
128 Seiten
ISBN: 9783739224664

JUVENILE MS / Kinder mit MS
ISBN: 9 783739 228792

Bewältigung chronischer Krankheiten und Depressionen / Für Angehörige und Betroffene
Verlag: BoD
ISBN 9783739245331
228 (23 farbige) Seiten

SMILEY – der kleine Frechdachs mag nicht duschen
108 z.T. farbige Seiten
ISBN 978-3-7392-4325-2

„Der Tanz durchs Leben"
284 zum Teil farbige Seiten
Verlag: BoD
ISBN 9783842350564

FREUNDSCHAFT
164 Seiten
ISBN 978-3-7412-3810-9

GEDÄCHTNIS-Störungen / Kognitive Leistungsstörungen bei MS
152 Seiten
ISBN 978-3-8482-2160-8

LOW CARB für UNTERWEGS
84 Seiten, ISBN 978-3-7386-1713-9

LOW CARB VEGETARISCH & schnell
92 Seiten, ISBN 978-3-7412-7127-4